农作物空间格局演化机制及调控

——以四川省柑橘为例

林正雨 著

科学出版社

北 京

内 容 简 介

本书是作者近年来开展农业土地利用变化研究的阶段性成果,旨在通过对农作物空间的时空演化、影响因素、响应机制、调控模拟等研究,把复杂的农业土地系统简化为单一作物土地空间,进一步揭示农业生产过程中"人类-自然"综合体的复杂关系,加深对农业土地系统的理解。本书以四川省柑橘为例,综合运用数理分析、最大熵(MaxEnt)模型、ArcGIS 技术、地理探测器、空间计量模型等方法与工具,获得长时序适宜空间、生产空间的变化信息,通过构建响应指数模型,刻画 1980~2015 年四川柑橘生产空间的时空演化特征,定量解析地形、气候、土壤、生产、经济、市场、社会等驱动因素对柑橘空间时空变化的作用机制,探索构建柑橘空间网格化模拟模型(SGSM-Citrus 模型),对柑橘生产布局过程进行模拟,为区域农业土地系统优化和国土空间优化提供理论支撑,也为柑橘产业可持续发展提供决策支撑。

本书可供科研院校从事土地科学、资源科学、区域发展、农林经济管理和相关交叉学科的研究者、相关部门的管理者及相关行业从业者参考。

川 S【2023】00074 号

图书在版编目(CIP)数据

农作物空间格局演化机制及调控:以四川省柑橘为例 / 林正雨著. —北京:科学出版社,2024.3
  ISBN 978-7-03-078161-1

Ⅰ. ①农… Ⅱ. ①林… Ⅲ. ①柑桔类果树-农业布局-研究-四川
Ⅳ. ①F326.13

中国国家版本馆 CIP 数据核字(2024)第 045097 号

责任编辑:孟 锐 / 责任校对:彭 映
责任印制:罗 科 / 封面设计:墨创文化

科 学 出 版 社 出版
北京东黄城根北街 16 号
邮政编码:100717
http://www.sciencep.com

成都锦瑞印刷有限责任公司印刷
科学出版社发行 各地新华书店经销
*
2024 年 3 月第 一 版 开本:787×1092 1/16
2024 年 3 月第一次印刷 印张:6 1/2
字数:154 000
定价:108.00 元
(如有印装质量问题,我社负责调换)

序　言

　　土地是人类社会赖以生存和发展的物质基础。20 世纪 90 年代以来，土地利用与土地覆盖变化(land use and land cover change，LUCC)研究计划与全球土地计划(global land project，GLP)整合了不同尺度土地系统的研究，促进了土地科学发展，进一步揭示了土地系统与自然环境、人类社会经济发展、城乡建设、不同地区之间的复杂关系，极大地促进了土地变化科学(land change science)或土地系统科学(land system science)的发展。在土地利用系统中，农业土地是最广泛且最重要的组成部分，也是人地关系的重要纽带，它几乎决定着所有粮食和经济作物的生产供给。农业土地利用变化对一个国家或区域的农业生产、粮食安全、社会稳定、经济发展具有重要影响。农作物生产空间集中反映了人类利用土地进行农业生产的过程，是作物种植类型、生产分布、种植结构、熟制方式等一系列信息在一定区域内的空间表达。因此，农作物生产的时空变化研究一直是土地变化科学中农业领域的核心内容，其目的在于理解和解释农业土地系统中“人类-自然”综合体的复杂关系，进而为农业土地资源可持续利用提供科学和技术服务。

　　近 10 年来，国内外学者围绕农作物生产空间，针对时空特征、变化过程、驱动机制、模型模拟及效应评价等内容进行了大量研究。在基础理论上，中国农业科学院唐华俊院士团队提出了“农业土地系统”的概念，并明确了其在土地系统科学中的定位，系统阐述了农业土地系统的关键科学问题；在技术方法上，遥感技术、ArcGIS 技术得到广泛应用，并在此基础上发展出 SPAM、SPAM-China、CROPS、CroPaDy 等空间模型；在研究领域上，已从耕地变化拓展至粮食安全、栽培制度、气候灾害、综合效益等领域。

　　该书是作者主持的省(院)级科研计划项目的主要研究成果，旨在通过对单一作物生产空间的时空演化、驱动因素、响应机制和优化调控的研究，加深对农业土地系统的理解。该书的主要学术贡献包括：一是构建了响应指数模型，运用长时序的四川柑橘适宜空间、生产空间的变化信息，揭示了生产空间响应适宜空间的变化过程。二是基于“格局—过程—机理”主线，利用空间面板计量模型，揭示了地形、气候、土壤、生产、经济、市场、社会等驱动因素对柑橘空间时空变化的作用机制。三是探索构建了柑橘空间网格化模拟模型，对柑橘空间过程进行模拟，为农业生产布局研究提供了一定的理论基础和技术方法。

　　农业土地系统是一个巨系统，反映了“人-地”甚至“人类-环境”的复杂性，尚有诸多亟待解决的问题。尽管这部学术专著不能完全回答这些问题，但是相信其对读者更好地理解农作物生产空间的响应机制和演化规律等有所帮助,也将对农业土地系统研究的发展起到推动作用。

邓良基

教授、博士生导师,四川省学术和技术带头人

四川农业大学原党委书记

四川省委省政府决策咨询委员会(第三届)农业组副组长

前　言

农作物空间变化的本质是农业土地利用变化，其变化深受"自然-人文"因素的双重影响，影响因素的变化直接驱动农作物空间分布和种植结构的动态调整。自然环境因素决定着农作物空间的基础格局。气候、降水、土地覆被等的变化，以及自然灾害带来了区域自然资源要素分布的时空变化，引起适宜等级、适宜空间大小、作物类型或种植比例等发生变化，直接影响农作物空间。自然选择的结果让适宜空间成了农作物的初始集聚区，并随着时间推移，通过路径依赖的方式长期影响农作物空间。但是，社会、经济、科技等人文因素的发展，一定程度上改变了自然环境因素对农作物空间的影响。其中，社会经济因素是农作物空间变化的重要诱因。劳动力、农户行为、生产成本、市场消费、制度政策、技术进步等更为广义的人文因素，在市场化进程中发生着不同程度的改变，对农作物空间的影响日益加深。因此，研究农作物空间的时空演化、响应机制和优化调控是农业土地资源可持续利用中亟须认真对待和加以解决的科学问题。

柑橘是全球重要贸易农产品。据联合国粮食及农业组织数据，2018 年全球柑橘类水果收割面积达到 1114.39 万 ha，较 2000 年增长了 27.11%，年均增长率 1.42%，全球柑橘生产空间正从美洲逐渐转向亚洲和部分非洲国家。改革开放以来，我国柑橘产业快速发展，我国已成为全球最大的柑橘生产国之一，在全球柑橘贸易中占据重要位置。2018 年我国柑橘种植面积达 248.67 万 ha，产量达 4138.1 万 t，柑橘产业是我国南方地区支撑农村经济发展、推进乡村振兴的重要支柱产业。柑橘种植也是我国南方地区重要的农业土地利用类型和农业土地景观，而四川省则是我国南方地区柑橘空间变化的典型地区。农业土地系统庞大复杂，且随时间的推移，其结构、状态等也相应演化，极大地增加了农业土地系统的复杂性和研究难度。因此，以四川省柑橘为例，研究农作物空间的时空演化、响应机制和优化调控，有助于把复杂的农业土地系统简化为单一作物生产空间进行研究，从而加深对农业土地系统的理解。

本书是四川省杰出青年科技人才项目"四川经济作物时空格局变化及响应机制研究"（2020JDJQ0073）、四川省重点研发项目"农作物及畜禽育种信息服务平台"（2021YFYZ0028）、四川省农业科学院现代农业学科建设推进工程项目"特色作物空间演化、品质区划及空间调控技术研究"（2021XKJS075）及四川省农业科学院青年领军人才项目"四川省柑橘空间的时空格局及响应机制研究"（2019LJRC021）的阶段性研究成果。

本书是在我的博士生导师陈强教授、邓良基教授悉心指导下完成的，从立意选题、框架构筑、内容修改，直至最后定稿，无不倾注了导师们大量的心血。李晓研究员参与了第 1 章的撰写；陈春燕、刘远利、高文波参与了第 3 章、第 4 章的撰写；刘远利、曹杰、邵周玲参与了第 5 章、第 6 章的撰写。在研究工作中，王昌全教授、张世熔教授、高雪松教授、夏建国教授、李廷轩教授、胡玉福教授、李启权教授等专家学者给予了精心指导，何鹏研究员、方从刚博士、廖桂堂博士、刘光辉工程师、吕杨工程师、蹇东南博士等同事给予了重要技术支持。在课题调研中，中国农业科学院、中国科学院地理科学与资源研究所、四川省农业科学院、四川省科学技术厅、四川省农业农村厅、四川省统计局等单位给予了大力支持和帮助，借此机会一并表示衷心的感谢。特别感谢父母、妻子、女儿的全力支持。

　　本书写作过程中参考研阅了许多专家的论著和科研成果，并使用了大量的统计数据，书中在引用部分做了注明，但仍恐有遗漏之处，恳请海涵。农作物空间是地理科学、土地科学、资源科学、管理科学等学科的交叉领域，由于笔者学识有限，书中的不足之处在所难免，恳请同行专家学者提出宝贵的意见和建议！

目　　录

第1章　绪论 ·· 1
　1.1　研究背景 ··· 1
　　1.1.1　农作物空间是农业土地系统中最广泛且重要的组成部分 ············ 1
　　1.1.2　柑橘空间是南方地区重要的农业土地利用类型和土地景观 ·········· 2
　1.2　国内外研究进展 ·· 3
　　1.2.1　农业土地系统的理论研究 ·· 3
　　1.2.2　农作物空间变化特征研究 ·· 5
　　1.2.3　农作物空间变化的响应机制研究 ·· 7
　　1.2.4　农作物空间优化调控研究 ·· 8
　　1.2.5　已有研究存在的问题 ··· 9
第2章　研究方案 ·· 11
　2.1　研究区概况 ··· 11
　　2.1.1　地理区位 ·· 11
　　2.1.2　地形地貌 ·· 11
　　2.1.3　气候条件 ·· 12
　　2.1.4　土壤条件 ·· 13
　　2.1.5　社会经济 ·· 13
　2.2　研究内容 ··· 14
　　2.2.1　四川柑橘适宜空间的演化特征研究 ······································ 14
　　2.2.2　四川柑橘生产空间的演化特征研究 ······································ 14
　　2.2.3　四川柑橘生产空间的响应机制研究 ······································ 15
　　2.2.4　四川柑橘生产空间的优化调控研究 ······································ 15
　2.3　数据来源与处理 ·· 15
　　2.3.1　气候数据与处理 ·· 15
　　2.3.2　地形土壤数据与处理 ·· 18
　　2.3.3　社会经济数据与处理 ·· 18
　　2.3.4　土地覆被数据 ··· 19
第3章　四川柑橘适宜空间的演化特征研究 ·· 20
　3.1　研究数据与方法 ·· 20
　　3.1.1　数据变量 ·· 20
　　3.1.2　MaxEnt 模型 ··· 22

3.1.3　适宜等级划分 ·· 26

3.2　自然环境变量分析与识别 ··· 27

3.2.1　潜在自然环境变量分析 ·· 27

3.2.2　主导自然环境变量识别 ·· 29

3.3　柑橘适宜空间的时间变化特征 ·· 30

3.3.1　总体特征 ·· 30

3.3.2　中适宜空间的时序特征 ·· 32

3.3.3　高适宜空间的时序特征 ·· 32

3.4　柑橘适宜空间的空间变化特征 ·· 33

3.4.1　总体特征 ·· 33

3.4.2　中适宜空间变化特征 ·· 34

3.4.3　高适宜空间变化特征 ·· 35

3.5　柑橘适宜空间的等级变化特征 ·· 36

3.6　小结 ··· 37

第4章　四川柑橘生产空间的演化特征研究 ··· 41

4.1　研究方法 ··· 42

4.1.1　产业集中度 ·· 42

4.1.2　产业重心模型 ··· 42

4.1.3　探索性空间数据分析 ·· 43

4.1.4　响应指数模型 ··· 43

4.2　柑橘生产空间的时序特征 ·· 44

4.2.1　柑橘生产空间的统计特征 ··· 44

4.2.2　新增柑橘空间的时序变化 ··· 45

4.3　柑橘生产空间的分异特征 ·· 46

4.3.1　柑橘空间变化特征 ·· 46

4.3.2　柑橘生产重心迁移 ·· 47

4.3.3　生产空间关联变化 ·· 48

4.4　柑橘生产空间对适宜空间的响应变化 ··· 49

4.4.1　响应指数的时序变化 ·· 49

4.4.2　响应指数的空间变化 ·· 50

4.4.3　柑橘生产空间调控方向 ·· 52

4.5　小结 ··· 53

第5章　四川柑橘生产空间分异的影响因素研究 ···································· 55

5.1　研究方法与数据 ·· 55

5.1.1　地理探测器 ·· 55

5.1.2　数据来源 ··· 57

5.2　地理探测器的单因子探测分析 ·· 59

5.2.1　总体结果 ··· 59

5.2.2 地形土壤因素 ·· 60

5.2.3 气候因素 ··· 60

5.2.4 生产因素 ··· 60

5.2.5 经济因素 ··· 61

5.2.6 市场因素 ··· 61

5.2.7 社会因素 ··· 61

5.3 地理探测器的交互作用分析 ····························· 62

5.4 小结 ·· 62

第6章 四川柑橘生产空间变化的响应机制研究 ········· 65

6.1 研究假设 ·· 65

6.2 空间面板模型构建 ··· 66

6.2.1 模型构建 ··· 66

6.2.2 指标选取 ··· 66

6.2.3 空间权重构建 ·· 66

6.2.4 空间面板模型的检验和选择 ·························· 67

6.3 响应机制分析 ·· 68

6.3.1 柑橘生产空间对地形土壤因素的响应机制 ······ 69

6.3.2 柑橘生产空间对气候因素的响应机制 ············ 69

6.3.3 柑橘生产空间对生产因素的响应机制 ············ 70

6.3.4 柑橘生产空间对经济因素的响应机制 ············ 70

6.3.5 柑橘生产空间对市场因素的响应机制 ············ 71

6.3.6 柑橘生产空间对社会因素的响应机制 ············ 71

6.4 小结 ·· 71

第7章 四川柑橘生产空间的优化调控研究 ··············· 73

7.1 模型方法 ·· 74

7.1.1 模型思路 ··· 74

7.1.2 空间分布概率 ·· 74

7.1.3 不同场景设定 ·· 75

7.1.4 空间分配规则 ·· 76

7.2 不同场景下柑橘生产空间的优化调控 ················ 78

7.2.1 正向低增长场景 ··· 78

7.2.2 正向高增长场景 ··· 80

7.2.3 负向低增长场景 ··· 80

7.2.4 负向高增长场景 ··· 80

7.3 小结 ·· 80

第8章 结论、建议与展望 ······································ 82

8.1 研究结论 ·· 82

8.2 研究创新 ·· 84

8.3 研究展望 ·· 84

8.4 政策建议 ·· 85

参考文献 ·· 86

第1章 绪 论

在土地利用与土地覆盖变化(land use and land cover change,LUCC)研究计划与全球土地计划(global land project,GLP)的持续推动下,土地变化科学(land change science)或土地系统科学(land system science)得到了极大的发展。农业土地系统作为土地系统的重要组成部分,是人地关系的重要纽带。农业土地利用问题历来受到人类社会的高度关注,农业土地利用研究符合当前我国农业高质量发展的现实需求。本章主要从农业土地系统视角阐述本书的研究背景和国内外研究进展。

1.1 研 究 背 景

1.1.1 农作物空间是农业土地系统中最广泛且重要的组成部分

土地是人类社会赖以生存和发展的基础,其中农业土地是人地关系的重要纽带,也是土地利用系统中最广泛且重要的组成部分[1]。一方面,农业土地几乎决定着所有粮食和经济作物的生产和有效供给;另一方面,农业土地作为一种空间连续的"人类-自然"综合系统,其空间状态随时间推移而变化,驱动区域变化乃至全球变化。农业土地利用是人类为了自身生存和社会发展,对土地资源持续进行不同类型的农业开发和经营。而农作物空间变化的本质是农业土地利用变化,它集中反映了人类利用土地进行农业生产的过程,体现了农业生产在一定区域内对农业资源利用的状态,是作物种植类型、生产分布、种植结构、熟制方式等一系列信息在一定区域内的空间表达[2,3]。

农业生产的本质是自然再生产和社会经济再生产[4],因此农作物空间深受"自然-人文"因素的双重影响,影响因素的变动直接驱动农作物空间分布和种植结构的动态调整[5]。自然环境因素决定着农作物空间的基础格局。任何农作物都有其自然适应性,其在生命周期内对自然环境存在生理要求。农作物空间实际上也是农作物分布对自然资源要素地域分异规律的时空响应。气候变暖、降水减少、土地覆被变化、自然灾害等带来了区域自然资源要素分布的时空变化[6-8],引起农作物适宜空间等级的跃迁或降级、适宜空间的扩大或缩小、作物类型更替或种植比例变化等[9,10],直接影响农作物的生理生长、产量与品质和经济价值的形成。社会经济因素是农作物空间变化的重要诱因。自然选择的结果让适宜空间成了农作物的初始集聚区,而随着历史演进,以路径依赖和惯例等形式存在的选择,通过"适者生存"的方式长期影响农作物空间[11]。但是,社会、经济、科技等人文因素的发展,一定程度上改变了自然环境因素对农作物空间的影响。劳动力、农户行为、生产成本、市场消费、制度政策、技术进步等更为广义的人文要素，在快速工业化和城镇化的进程中发生着不同程度的变化。比较优势、规模经济与产业生命周期规律引起人文生产要素在不同时空尺度上的分配异质性，日益加深了对农作物空间演化的影响[12-14]。农作物空间特征及动态变化研究的核心在于理解和揭示农业生产过程中"人类-自然"综合体的复杂关系[15]，为区域农作物种植结构调整和国土空间规划、农业土地系统优化提供重要依据[16]。因此，研究农作物空间的时空演化、响应机制和优化调控是农业土地可持续利用中亟须认真对待的重大课题[17]。

1.1.2　柑橘空间是南方地区重要的农业土地利用类型和土地景观

柑橘在热带、亚热带地区被广泛栽培，是全球重要的经济作物，在全球农业和农产品贸易中占据十分重要的位置[18,19]。我国柑橘种植面积和产量均居世界第一[20]，种植区主要分布在福建、浙江、四川、湖南、广西、广东、湖北、江西和重庆9个省（自治区、直辖市），是我国南方地区支撑农村经济发展、推进乡村振兴的重要支柱产业。进入21世纪以来，我国柑橘产业快速发展，柑橘空间持续扩张，2016年我国柑橘栽培面积达256.08万ha，是1980年柑橘空间规模的8.64倍，较2000年柑橘空间扩大了101.35%，柑橘为水果提供了最主要的空间增量，其贡献度达19.22%[21]。柑橘种植也是我国南方地区重要的农业土地利用类型和农业土地景观，而四川省则是我国南方地区柑橘空间变化的典型地区。四川省处于长江上中游柑橘优势区①，丰富的农业资源与适宜柑橘生长的自然环境，使得四川省发展柑橘具有较大比较优势，其柑橘与其他水果的种植比例曾一度高达8∶2[22]。近年来，价格上涨利好，以及四川盆地黄龙病和溃疡病发生率较低，四川省柑橘空间扩张加速。从空间上看，柑橘在四川省130个县（市、区）均有栽培。相较于2000年，2016年四川省柑橘空间面积扩张了约13.33万ha，年均空间扩张8331ha[23]。与此同时，柑橘空间演化所隐含的自然、社会经济因素变化在四川省也尤为突出。一方面，四川省地处我国二级阶梯向一级阶梯过渡地区，气候类型多样，地形地貌复杂。由于各地气候状况和种植条件的地域差异，形成了明显的生态差异，不同生态区的柑橘空间变化特征不尽相同[24-26]。全球气候变化带来的气温升高、降水波动变化[27-31]，必然对四川省柑橘适宜空间产生影响。另一方面，受市场经济机制和宏观政策调控引导的持续影响，工商资本投入、农村劳动力转移、消费转型升级、交通运输改善、快速城镇化等发生着深刻变化，社会经济要素在四川省域以及柑橘产业上的投入分配差异，导致四川省柑橘产业综合比较优势、资源禀赋优势持续下降[32]。农业土地系统庞大复杂，且随时间的推移，其结构、状态等也相应演化，极大地增加了农业土地系统的复杂性和研究难度。因此，以四川省柑橘为例，研究农作物空间的时空演化、响应机制和优化调控，有助于把复杂的农业土地系统简化为单一作物土地空间进行研究，从而加深对农业土地系统的理解，也是推动我国柑橘产业高质量发展、推进乡村振兴的重要任务。

---

① 原农业部《全国优势农产品区域布局规划（2008－2015年）》。

1.2　国内外研究进展

1.2.1　农业土地系统的理论研究

1. 基本内涵

农业土地系统是土地科学中被不断开拓和迅速发展的学科。在地理科学、生态学、全球变化与可持续研究的不断推动下，自 20 世纪 90 年代以来，全球环境变化的人文因素计划 (international human dimension programme on global environmental change，IHDP) 和国际地圈-生物圈计划 (international geosphere-Biosphere programme，IGBP) 共同提出的土地利用与土地覆盖变化研究计划与全球土地计划，极大地促进了土地变化科学的诞生[33,34]，继而推动了农业土地变化研究的长足发展。

农业土地系统是一个自然经济的综合体，是以土地为核心承载的农业系统，是农业系统与土地系统的结合部分，即人类利用土地从事农业生产活动及其结果[1]。具体而言，农业土地系统依托土地系统，存在于自然环境和人类社会的交叉部分，与地球系统各圈层存在多种过程作用，以土地权属、作物空间、集约化等为具体表象，是土地学科的重要组成内容[35]，与地理学科、生态学科、经济管理学科等存在紧密联系，是多学科交叉发展的领域 (图 1-1)。

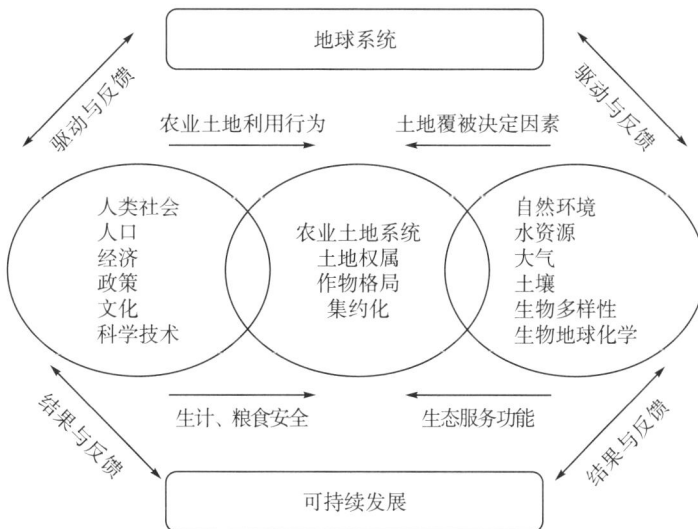

图 1-1　农业土地系统及其与其他学科领域的关系[1]

农业土地系统研究主要包括农业土地变化 (包括土地利用类型变化、农作物空间变化及种植制度变化等) 的时空过程探测、驱动机制分析、过程仿真模拟及宏观生态效应评价等方面[36]。其核心目的在于理解和解释农业土地系统中"人类-自然"综合体的复杂关系，进而为农业土地可持续利用提供科学服务[37]。

2. 研究框架

与土地系统科学的核心研究内容类似，农业土地系统研究的关键科学问题包括农业土地系统的时空格局探测、变化过程模拟及综合效应分析三个方面，具体研究内容从耕地时空分布扩展至作物分布、作物物候、种植制度、农业集约化、农业灾害、农业综合生产能力、农业生态系统服务、经济效益、政策效果等诸多方面，研究方法手段也从单一方法向综合模型转变，研究数据涵盖遥感、地面观测、社会经济统计等多源数据集。

3. 基础理论

土地适宜性评价理论、土地资源优化配置理论是农业土地系统研究的重要基础理论。土地是一个多层次的、由多维因子构成的非常复杂的物质系统。土地适宜性评价是根据土地的自然和社会经济属性，分析论证土地对某种利用类型或方式是否适宜及适宜程度，是进行土地利用总体规划以实现土地资源可持续利用的一项基本工作和重要内容[38,39]。土地适宜性评价理论充分吸收了人地关系理论、可持续理论、最低因子限制论等基础理论，在现有的生产力经营水平和特定的土地利用方式下，将土地的自然要素和社会经济要素相结合作为鉴定指标，通过考察和综合分析土地对各种用途的适宜程度、质量高低及其限制状况等，对土地的用途和质量进行分类定级[40]。在土地适宜性评价理论的指导下，本书将柑橘适宜性分解为自然适宜性和人文适宜性，自然适宜性是农作物对自然资源因子的需求与环境提供这些因子之间的吻合程度；人文适宜性则是农作物对区域内社会经济、科技水平、制度政策等要素的适应程度。

土地资源优化配置是指通过对土地资源特点的分析，采用科学的方法对一定数量的土地进行合理的时空配置，以提高土地利用效率，进而实现综合效益最大化的目标[41,42]。土地资源优化配置的实质是转换土地用途或改变土地实体性质的复杂过程，也是一个相对、动态和渐进的过程，具有区域封闭性、独立性、层次性、差异性和时空性。"配置"是一种过程和手段，目的在于将土地利用方式与土地的适宜性、社会经济性进行匹配等[43]。"优化"是针对不合理的土地利用进行目标优化、结构优化和效益优化等，涉及数量、空间和时间等要素的合理化配置[44]。本书借鉴土地资源优化配置理论，考虑"自然-人文"因素，综合运用优化模型，构建四川省柑橘空间优化调控理论与技术体系，提出四川省柑橘产业合理的数量规模、空间布局，将柑橘空间与最适宜的土地进行匹配，实现柑橘空间的优化配置。

4. 主要研究内容

空间演化是认识农业土地系统变化的基础内容。早期，农业土地系统的研究内容以耕地时空格局及其动态变化为主，即耕地数量和空间变化，以及与其他土地利用方式相互转换的特征、规律和过程[1]。随着农业土地系统研究的不断深入，其研究不再局限于耕地时空格局变化，与耕地相关的多熟种植制度、农作物空间、利用集约度、综合生产能力等内容也成为研究热点。农作物空间演化集中反映了人类对土地进行农业生产利用的过程，是农业土地利用变化的具象反映，是进一步开展农作物空间演化响应机制和模型模拟的基础工作。响应机制是解析农业土地系统变化的核心内容，虽然通过不同技术方法可以揭示农业土地系统的时空演化，但难以很好地解释农业土地系统的变化过程与机理机制，更难以为优化调控农业土地系统提供科学支撑。农业土地利用过程是时空演化特征的动态展现，借助一定的数学方法，可以建立农业土地系统与其影响因素之间的定量关系，并将这种关系在不同时空维度进行推演，从而实现农业土地系统变化过程和机制的动态表达。优化调控是开展农业土地系统研究的关键任务。人类发展的历史是不断对土地加以开发利用和对土地覆被进行改造的历史，对土地的利用过程实际上也是人类对资源、环境和生态的干预过程[45]。农业土地系统也是如此，处于持续动态变化之中，对自然生态系统、社会经济系统具有重要影响。因此，全面掌握和分析农业土地系统变化的影响和效应，并进行科学调控和优化已成为农业土地系统研究的关键任务。

1.2.2 农作物空间变化特征研究

1. 基于统计数据的变化研究

统计方法的优势在于可以获取不同层级行政单位多种农作物的种植面积、产量信息，从而掌握农作物在不同空间尺度上的种植规模及其变化等详细信息。统计数据还可提供与农作物相关的化肥和农药用量、劳动力投入、灌溉需水量等信息。因此，基于统计数据研究农作物空间变化成为热点。例如，程勇翔等[46]、杨万江和陈文佳[47]利用统计数据，分析了近 30 年我国水稻生产空间的时空变化特征，结果表明我国水稻生产存在显著的正向空间效应，中华人民共和国成立以来除 20 世纪 60～70 年代我国水稻播种面积重心和产量重心向东南部和东部发生偏移以外，总体上向东北方向移动。陈欢等[48]、杨宗辉等[49]利用统计数据建立面板模型，系统分析了 1985～2015 年我国玉米生产空间的变迁，研究结果表明，我国玉米生产布局存在显著的正向空间相关性，生产重心北移明显。Fan 等[50]分析了 1949～2014 年中国三大作物生产空间的时空变化。Xiao 等[51]利用分省统计数据分析了 1986～2015 年中国茶叶生产空间变化特征。Araújoa 等[52]利用统计数据分析了 1990～2015 年巴西马托皮巴地区大豆作物的时空动态变化。

2. 基于遥感技术的变化研究

随着空间观测技术的快速发展，根据农作物在不同生长阶段特有的光谱特征进行识别，可获取不同时空尺度下作物的类型、空间分布、种植结构等信息，为农作物空间信息获取提供了新方法。同时，遥感监测技术具有高时效、大范围、低成本、客观准确等特点，在农作物空间监测领域得到了快速推广运用[53]。国内外学者已利用低、中低空间分辨率遥感影像对大区域尺度农作物的时空变化展开了研究。Gumma 等[54]利用中分辨率成像光谱仪（moderate-resolution imaging spectroradiometer，MODIS）获取的时间序列数据分析得出 2000～2009 年尼泊尔水稻分布的空间变化。Li 等[55]从 Landsat 历史图像中获取的归一化植被指数(normalized difference vegetation index,NDVI)的时间变化,很好地描述了2004~2010 年鄱阳湖水稻的空间变化。封志明等[56]基于遥感技术研究了中老缅交界地区的橡胶林地分布及其动态变化,1980~2010 年该地区的橡胶林地已呈现由集中至分散分布、由边境向国外转移,形成了"以景洪为中心、北上南进、西拓东扩"的空间分布与地域扩展特征。徐晗泽宇等[57]利用 Google Earth Engine 平台开展了多时相赣南柑橘果园遥感提取研究,发现1990~2016 年赣南柑橘果园面积由 $9.77km^2$ 扩大为 $2200.34km^2$,2005 年以后呈大规模扩张趋势,果园分布由零星分布逐步形成连片化的聚集分布。

3. 基于模型模拟的变化研究

模型模拟法可以分为数学模型和作物机理模型两类。数学模型通过已有的统计数据、遥感数据等信息建立农作物空间分布模型,将作物面积或产量分配至栅格像元,重构不同空间尺度的作物时空分布信息,实现农作物属性统计数据的空间化,模拟农作物空间信息,其本质是实现多源信息融合。该方法充分利用统计数据和遥感影像数据,弥补单一数据源的缺陷,提高了提取精度。例如,Wu 等[58]基于背景下的行为者框架(action-in-context,AiC)构建了作物选择模型,对亚洲地区未来水稻种植区域变化进行了模拟研究。You 等[59]应用作物空间分配模型(spatial production allocation model,SPAM)对多源数据进行交叉信息熵计算,对南美地区农作物空间分布进行了模拟研究。刘珍环等[60]、唐鹏钦等[61]基于交叉信息熵原理的作物空间分配模型构建了针对中国作物分布特点的 SPAM-China 模型,并模拟了中国东北地区 1980~2008 年像元尺度上水稻空间分布信息。刘珍环等[62]利用SPAM-China 模型进一步对1980~2010 年中国水稻种植区域的时空变化进行了分析。

作物机理模型基于农作物生理生长对自然资源(温、光、水、土)的需求阈值,对区域环境供给资源要素的能力进行综合评判,实现对农作物适宜空间分布的模拟。随着生态学科的发展,生态位模型在近年来取得了长足发展。该模型根据每种生物特殊的生存环境,从目标物种已知分布区出发,利用数学模型归纳或模拟其生态位需求,然后将其投射到目标地区预测目标物种的空间分布。生态位模型先后产生了生物气候分析系统(bioclimate analysis and prediction system,BIOCLIM)、生态位因子分析(ecological niche factor analysis,ENFA)模型、基于规则集的遗传算法(genetic algorithm for rule-set prediction,GARP)模型和最大熵(maximum entropy,MaxEnt)模型等[63-67]。生态位模型在预测物种潜在空间分布方面表现出较强实用性,已被广泛用于物种时空分布研究。何奇瑾等[68]基于构建的中国春玉米种植分布-气候关系模型,对1961~2010 年中国春玉米潜在种植分布年代际变化进行了分析,结果表明中国春玉米潜在可种植面积呈增加趋势,气候最适宜种植面积波动式增加。段居琦和周广胜[69]利用基于最大熵方法建立的双季稻种植分布与气候的关系模型,研究了 1961~2010 年我国双季稻种植分布变化。宁晓菊等[70]选择影响主要粮食作物(小麦、玉米和水稻)生长的气候要素,结合地表土壤和地面高程要素与农业观测站数据,模拟和分析了 1953~2012 年我国主要粮食作物适宜生长区的变动。Wei 等[71]利用 MaxEnt模型预测了气候变化下红花在中国当前和未来的空间分布。Jayasinghe 和 Kumar[72]利用MaxEnt 模型,在 2050 年和 2070 年的 MIROC5 和 CCSM4 全球气候模式下,使用了三个具有代表性的浓度路径,对斯里兰卡茶叶的气候适宜性进行建模并预测空间变化。

1.2.3　农作物空间变化的响应机制研究

1. 归因要素

农作物空间受到自然环境的强烈制约。不少学者应用多种方法分析了自然环境变化对农作物空间变化的影响。气候是影响农作物空间的主要自然因素，因此自然因素研究主要集中于气候因素，已有研究表明气候变暖深刻影响着我国尤其是东北地区的粮食作物空间。云雅如等[73]、杨晓光等[74]、陈浩等[75]研究认为粮食作物空间同温度之间存在着显著的相关关系，温度、日照对水稻空间重心迁移有显著影响，气候变暖明显使得我国水稻种植北界已达 52°N 左右的呼玛地区，较 20 世纪 80 年代初北移了约 4 个纬度，双季稻生产空间在浙江省、安徽省、湖北省和湖南省也呈现北移趋势。郝志新等[76]、邓振镛等[77]、李克南等[78]的研究结果显示冬小麦种植北界与 20 世纪 50 年代所确定的界限相比，已经从长城沿线推移到了 42.5°N，宁夏—甘肃及河北—辽宁北移趋势最明显，可种植最高海拔也由 1800m 上升到了 2200m。谭杰扬等[79]指出东北地区玉米种植所表现出的北移东扩态势，与≥10℃积温的空间分布及生长季长度增加有密切的关系。王琛智等[80]的研究表明，地形因素尤其是高程造成了湖南省水田分布和热量分配在北部平原地区的不匹配，直接对水田分布的空间格局产生了影响。此外，李勇等[81]、白秀广等[82]、李全胜[83]、黄爱军等[84]、庞艳梅等[85]的研究结果显示气候变化影响着农作物空间的改变。

还有学者从土地利用、劳动力、技术进步、制度政策、市场需求等人文因素出发解释农作物空间变化驱动机制。土地资源作为农作物生长的载体，其类型转换、空间变化等直接导致农作物空间变化。例如，某区域耕地较多，拥有种植规模优势，该区域则具备布局或扩大作物生产的基本条件[86]。聂雷等[87]、金涛[88]、刘彦随等[89]的研究结果显示，随着我国北方后备耕地资源的开发及东南部耕地资源被挤占，粮食作物空间重心和耕地分布重心的移动方位大致具有同向性，出现从东南沿海地区向北部和西部内陆地区的空间转移。此外，我国粮食生产自给的传统习惯和安全观念，决定了粮食作物与其他作物之间在分配有限土地资源的决策行为上存在博弈，会影响某种作物的生产空间。大多农业生产属于劳动密集型产业，随着非农就业机会及其收入的增加，农户从事农业生产的机会成本逐步提高，作为独立理性农户，在决定生产什么作物或用多大空间生产时，不但要比较产品之间的经济收益，还要权衡其非农收入。郝晓燕等[90]对我国小麦空间演变驱动因素的研究发现，比较收益和非农就业机会对当地和相邻地区的小麦播种面积均有影响，但作用方向相反。于雅雯等[91]研究认为非农就业机会和收益对新疆棉花生产空间变化具有显著正向影响。随着市场化不断深化，市场需求量及其结构逐渐成为影响资源配置的重要力量，市场对农业生产空间的影响逐渐加大。张有望和章胜勇[92]发现市场因素是中三角地区柑橘生产空间形成的动力因素，主要表现为市场需求对柑橘生产空间扩大的拉动。随着农业技术创新和推广加速，新品种和新技术不断应用于农业生产，使得单产水平有了很大提高[93]。但是，新技术新成果在不同地域空间的扩散效率差异，也对各地区的作物空间产生了重要影响[13]。因此，粮食自给水平、种植业内部比较效益、农民非农就业机会、市场需求和技术进步等人文因素均会对农户的生产决策行为产生影响，并最终传导至农作物空间。此外，就给定的区域而言，"自然-人文"因素对农作物空间存在正向效应和负向效应，负向效应起到弱化作用，且首先影响到处于"亚稳定"状态的地区，负向作用加强将瓦解农作物初始空间[14]。"自然-人文"因素的共同作用带来了农业生产要素在空间内的重新分配，农作物空间的原有路径依赖被打破。因此，农作物空间在遵循地域资源禀赋的基础上，需通过必要的自我调整来不断适应新的环境要求。

2. 归因方法

现有农作物空间变化响应机制的研究方法包括理论分析法、数理统计方法等。理论分析法是依据经济学、地理学、环境学等学科基础理论对农作物空间形成、变化的影响因素进行理论辨析与定性解释。例如，压力-状态-响应(pressure-state-response，PSR)模型及基于PSR模型改进的驱动力-压力-状态-影响-响应(driver-pressure-state-impact-response，DPSIR)模型。该理论模型在土地利用变化、环境变化等领域应用广泛[94-96]。又如，新结构经济学认为农作物空间是由要素禀赋结构决定，而要素禀赋、比较优势、市场和政府是空间变化的四大驱动力量[92,97,98]。演化经济地理学认为经济活动的空间格局并非基于企业和消费者的理性选择，而是地方知识积累的结果，是路径依赖的演化[11]。数理统计方法是应用最为广泛的方法，如主成分分析[99-101]、回归分析[102-104]。主成分分析是设法将原来众多具有一定相关性的指标重新组合成一组新的互相无关的综合指标来代替原来的指标，以达到降维目的。回归分析的优点是在分析多个因素模型时，更加简单有效，可以准确地计量多个因素之间的相关程度与回归拟合程度的高低，从而提高预测方程式的准确性。传统的回归分析其数据结构多为横截面板数据(个体数据)或时间序列数据，横截面板数据是截面数据与时间序列综合起来的一种数据结构，同时具有横截面(个体)和时间两个维度，既考虑个体、时间效应，也考虑空间性，克服了传统回归模型误差和空间偏差。面板数据样本容量更大，更能解释变化过程，因此成为分析空间变化的一种新方法并得到广泛应用[105-109]。

1.2.4　农作物空间优化调控研究

农作物空间是农业生产的地域分布，它是由地域分异规律所决定的农作物生产在地域上的分工形式，是农作物在空间上的动态组合与地域布局[110]。农作物生产空间调控的目的是充分利用地区资源，逐步形成相对集中的农产品区域化布局，促进农业结构调整和地区经济发展[111]。空间优化调控的首要原则是尊重农作物适宜性，扬长避短，因地制宜，根据国家需要和不同地区的自然和社会经济条件，部署最适宜的农业生产部门。目前农作物空间调控研究方法主要分为数理分析法和空间模型法两类。

1. 基于数理分析法的调控研究

数理分析法是指在经济分析过程中，运用数学符号和数学算式的推导来研究和表示过程和现象的研究方法。例如，线性规划方法、多目标函数、模糊聚类、灰色模型等。数理分析法使经济过程和经济现象研究的表述较简洁清晰，其推理更加直观方便和精确，因此得到广泛运用。高祖良[112]应用线性规划方法，实现了对南方水田区农业生产作物布局的优化。邓宏海[113]建立了多目标规划模型，对河北省主要粮棉产区进行了作物布局优化。由于目标函数随时间序列的多变性，使得单项适宜性评价结果难以适应农业生产的多样性。李天顺[114]利用模糊数学对各相关因素进行综合评判，提出了作物布局模糊规划，并对河南省封丘县粮食作物布局进行优化。姚建民和姚明亭[115]提出双向平衡原理的系统调控法，并对晋南半干旱地区农作物进行了生产布局优化。王道波等[116]采用多目标灰色局势决策模型，对河北省农作物空间布局的方法进行探讨。陈志峰等[117]通过比较优势指数等方法，分析了福建省县域茶叶竞争力，并进行布局优化。何伟玲和刘坤源[118]、张旭东[119]、杨佳珍等[120]采用多因素对比法对作物进行了布局。朱立武等[121]、杨建民等[122]、张世成等[123]、张君圻和林绍生[124]采用模糊聚类法对多种作物进行了布局研究。

2. 基于空间模型法的调控研究

基于空间模型法的调控研究是根据农作物生理生长对自然资源因素的响应，通过建立气候、地形、土壤等自然适宜性评价体系，识别和划分农作物适宜区，进而开展生产空间优化。冯金飞等[125]、周小平和卞新民[126]、唐嘉平和刘钊[127]综合采用线性规划和地理信息系统(geographic information system，GIS)技术，实现了区域、村域、地块尺度的作物空间布局优化。随着空间技术的快速发展及空间数据的丰富，ArcGIS 得到广泛应用。Seffino等[128]基于 GIS 的作业流式空间决策支持系统建立了巴西圣保罗州甘蔗的适宜空间。Neamatollahi 等[129]对伊朗霍拉桑省的马什哈德平原进行了评估，小麦、甜菜和玉米是适合当地的作物。Bydekerke 等[130]利用专家知识和地理信息系统对厄瓜多尔南部的番荔枝土地适应性进行评估，发现约 24%的研究区域适合番荔枝生长，但只有位于研究区东南部约 2%的地区最适合。苏永秀等[131]利用气候资料建立了空间分析模型，基于 GIS 技术对广西甘蔗适宜种植区进行了气候区划，为优化布局提供了科学依据。金志凤等[132]建立"气候-土壤-地形"等因子体系，应用混合插值法、加权指数求和法、GIS 技术，将浙江省茶树栽培区域划分为适宜、较适宜和不适宜 3 个等级，完成了浙江省茶树栽培综合区划图。此外，国内学者基于 ArcGIS 平台对猕猴桃、酿酒葡萄、烟草、柑橘等的生态适宜性、种植区划、气候区划进行了大量研究，取得了一系列重要研究成果[133-136]。

1.2.5　已有研究存在的问题

综上所述，国内外学者对农作物空间的时空演化、响应机制及优化调控等进行了大量研究，研究方法不断创新，研究领域不断拓展，为本书提供了理论指导和实践参考，但仍存在一些不足之处有待进一步研究。

1. 农作物空间的演化特征研究

统计数据法仅反映了行政单位的属性数量关系，而缺乏空间映射关系，即无法了解农作物在空间上的具体分布；在用于大尺度农作物空间研究时存在成本高、时效滞后等问题，且容易受人为因素干扰。在使用遥感技术提取农作物空间信息方面也存在亟待解决的问题，如混合像元、大气校正、同物异谱和异物同谱等，尤其是我国西南地区具有土地覆被信息复杂、地块零碎及多云雨特征，使得在长时序、大尺度上开展农作物空间研究面临极大挑战。模型模拟法更多地关注了影响作物空间分布的自然因素，对人文因素(农户决策、科技进步、生产成本等)的关注不足。此外，由于我国是人口大国，粮食安全问题是国之根本，已有研究大多集中关注粮食作物，而对经济作物关注较少。因此，面向特定区域和对象，需要综合考虑选择研究方法。

2. 农作物空间的响应机制研究

现有研究中，有的从自然因素(如气温升高、降水变化、土地覆被变化等)或人文因素(劳动力、技术进步、制度政策、市场需求等)单一角度来解释作物空间的变化。由于农作物空间是自然因素和人文因素共同作用的产物，从自然因素或人文因素单一角度分析，难以理解和揭示农作物空间动态变化的响应机制。因此，必须综合"自然-人文"因素开展研究，才能真实反映农作物空间变化的内在原因。此外，在研究方法上，理论分析法具有逻辑性强的优势，但是缺少定量表述，难以解释影响因素的驱动过程。PSR 模型等具有较为深厚的理论基础，但在指标权重选择上的主观性较强。而相关性分析、主成分分析和回归分析等方法，在空间变量分布特征的驱动机制、机理研究方面相对不太适用，并且它们都忽略了影响因子与农作物分布在空间位置上的关联关系，无法判别各因子间的交互作用对农作物空间分异特征的影响，缺乏定量化分析表达依据和规则。传统面板模型法的影响因素选取比较有限，且忽视了空间溢出效应的假设前提，使得研究结论解释不足。因此应该根据研究对象和区域综合选择适宜的研究方法，开展农作物空间变化的影响因素及驱动机制研究。

3. 农作物空间的优化调控研究

现有研究中，数理分析法的调控结果是作物种植面积数量或结构，由于缺少空间数据处理技术，并未实现空间表达。基于空间模型法的调控研究集中以作物适宜性区划为主，对适宜区评价指标及其阈值选择存在较强的主观性。此外，空间调控是社会生产布局的一个重要方面，虽然和自然条件有很大关系，但更受社会生产方式的制约。人类可以通过技术手段、设施设备等，改善对作物生长不利的资源环境因素。另外，现有研究中，由于缺少对社会经济等人文因素的考虑，划定的适宜区空间过大，从而降低了对作物生产空间调控的合理性和指导性。

第2章 研 究 方 案

近 10 年来，国内外学者围绕农作物生产空间，从时空特征、变化过程、驱动机制及模型模拟等方面进行了大量研究。针对时空格局变化特征，遥感技术、ArcGIS 技术得到广泛应用，并在此基础上发展出作物空间分配模型(SPAM)、面向中国的作物空间分配模型(SPAM-China)、农作物空间格局动态变化模拟(crop pattern simulator，CROPS)模型、农作物空间格局动力(crop pattern dynamics，CroPaDy)模型等空间模型；针对驱动机制，从简单的相关性分析、主成分分析和回归分析等方法发展到面板模型，再到空间面板模型。本书综合运用数理分析法、最大熵(MaxEnt)模型、ArcGIS 技术、空间计量模型等方法与工具，以四川省柑橘为例，分析其空间的时空演化特征和生产空间的响应特征，识别对柑橘空间演化具有关键作用的主导因素，定量解析其响应机制及主要驱动因素，开展柑橘生产空间优化调控模拟，为区域农业土地系统优化和国土空间优化提供理论支撑，也为四川省柑橘产业可持续发展提供决策支撑。本章主要介绍研究区域概况、研究内容，交代数据来源与处理方法。

2.1 研究区概况

2.1.1 地理区位

四川省位于我国西南部，地处长江上游，介于东经 97°21′～108°12′和北纬 26°03′～34°19′，东西长约 1075km，南北宽 921km；东连重庆，南邻云南、贵州，西接西藏，北接青海、甘肃、陕西三省，是西南、西北和中部地区的重要接合部，是承接华南华中、连接西南西北、沟通中亚南亚东南亚的重要交会点和交通走廊；面积为 48.6 万 km²，次于新疆、西藏、内蒙古和青海，居全国第五位。

2.1.2 地形地貌

四川省地貌类型复杂多样，平原、丘陵、山地、高原、盆地、峡谷等地貌皆有。其中，以平原、丘陵、山地和高原四大类型为主，且以山地分布最广，高原、丘陵次之，平原最少。平原主要分布在盆地西部成都、眉山一带，其次分布在河流两岸的阶地上，主要有成都平原、安宁河谷平原等。平原面积占全省总面积的 2.6%。平原地区地势平坦，土层深厚，土质肥沃，灌溉方便，种植业发达，是四川省水稻、油菜主产区。丘陵主要分布在盆地内，海拔为 200～700m，相对高度为 20～200m，大多数在 50～150m，其次在低山两侧也有分布。丘陵主要由侏罗—白垩系砂、泥岩经流水侵蚀而成，由于岩石的产状、岩性等要素的影响，多呈桌状、方山状、坟状、台坎状、垄岗状等不同形态。山地主要分布在盆地边缘、盆地东部、川西和川南一带。山地面积约为全省面积的 50.32%。低山（1500m）主要分布在盆地北部、东部和南部；中山（1600～4000m）主要分布在盆地边缘和川西南一带；高山（4000～5200m）主要分布在川西高原和盆边山地之间的峡谷地区；极高山（5200m）主要分布在金沙江以东的德格、巴塘以及大雪山、邛崃山、雪宝顶等处。高原分布在四川西部，面积约占全省面积的 28.5%，除若尔盖与红原一带在 3400～3600m 外，其他均在 4000m 以上。按其形态与地表切割深度，高原又分为平坦高原、丘状高原和山原三种类型。由于独特的地形地貌分异特征，四川柑橘主要分布在川中丘陵区、成都平原区、盆周山地区，在川西北河谷地区有少量分布。

2.1.3　气候条件

四川省属于亚热带区域，处于我国东部季风区与西南青藏高寒区的交接地带，气候的区域差异很大，境内高山林立，气候垂直变化突出。特别是受海陆季风与青藏高原环流系统的影响，季节气候的地域特征突出。全省气候地域分异可大体分为三部分。①盆地气候区。总热量丰富，四季分明，亚热带气候特征十分明显。冬季宜种喜凉作物，夏季宜种喜温作物，不同生态型作物一年二熟、一年三熟。由于受秦巴山地屏障，冬季风影响受到抑制而削弱，故冬温不低，霜雪少见。最冷月平均气温 4～8℃，比长江中下游同纬度地区偏高 2～4℃，日温稳定通过 10℃开始期出现于二月下旬到三月中旬，比同纬度长江中下游地区早 10～20 天。四川盆地入秋略早，日温稳定通过 20℃的终止期在九月中旬到十月初，比同纬度长江中下游地区早 5～10 天，盆地西部偏早约半个月。总之，四川盆地总热量偏高，以冬暖春早、春温高于秋温的特点，有别于同纬度长江中下游地区，另外，又以夏热与川西南山地夏季凉爽的特点相区别。②攀西山地气候区。该气候区冬暖夏凉，四季之分不明显，干雨季分明，基带属于亚热带气候，但垂直变化较大，冬暖更胜于四川盆地，亚热带上限位置相当高。川西南山地处于大高原东南侧，冬半年受西风南支暖流影响，加上深切地形的焚风效应，冬暖特别显著。夏季与东部地区同处于南方暖湿气流的影响下，海拔效应显露，最热月平均气温在 20～24℃。由于冬半年气温偏高，本区暖季长，总热量多，局部河谷达到南亚热带的热量水平；亚热带垂直上限位置可达 2000～2200m，比我国东部亚热带上限高得多。昼夜温差大，夏季热量强度偏低，这是与东部平原丘陵区亚热带气候的主要不同点，也是与云南高原型亚热带气候的类同之处。③川西高山高原气候区。该区总体地势高，山体巨大，原面辽阔，垂直分异占主导地位。亚热带地带性气候已不复呈现，代之以高寒气候类型，自南而北出现暖温带、温带、寒温带、亚寒带等气候类型演替。这一现象虽与纬度气候带的分异情况相似，但主要是由于地势由北往南迅速下降的结果，属于川西区南北大坡面上的垂直体系。川西高寒气候形成于亚热带内，冬寒程度并不突出，冬季漫长、夏温低是主要特点，最冷月平均气温为 2～12℃（与华北地区相近），最热月平均气温一般低于 14℃，甚至有不到 10℃的区域，生长季很短，总热量少，仅次于青藏高原腹地。

2.1.4 土壤条件

四川省地域辽阔，境内地质、地貌、气候、生物等成土条件复杂多样，又深受人类生产生活的影响，从亚热带到寒带土壤类型应有尽有。四川省土壤可划分为 19 个土类，50 个亚类，100 多个土属，300 多个土种。其中，适宜发展农业和农林结合的有 5 个土类，即水稻土、紫色土、潮土、红壤和黄壤；适宜发展林业或林农结合的土类有 8 个，即山地黄棕壤、山地棕壤、山地暗棕壤、山地灰化土、山地褐色土、灰褐土、燥红土和石灰土；适宜发展牧业、牧农结合和牧林结合的土类有 4 个，即山地草甸土、亚高山草甸土、高山草甸土、沼泽土。多样的土壤资源，为四川省农业、林业、牧业的综合发展及发展多种经营提供了良好条件。四川省山地土壤资源丰富，大多为各种高山、中山、低山及丘陵土壤类型，特别是盆周山地、攀西山地区适于发展多种经济林木和果树，为大农业的全面发展及综合利用创造了极为有利的条件。四川省土壤一般比较肥沃，土层较厚，特别是潮土、紫色土、水稻土，无机养分含量高，有机质转化快，水热条件优越，土壤肥力高。但是四川省低产田土面积大，旱涝保收的高产稳产农田较少。其中，低产田土主要有四种类型：一是冷浸田、下湿田类型；二是瘦薄皮土类型；三是过黏过砂类型；四是盐土类型。但是低产田土经合理改良后，增产潜力较大。

四川省自然地理环境和成土因素地域差异较大，因而土壤分布也有显著的区域性。四川盆地(包含盆底和盆周山地)地带性土壤均为黄壤。盆底丘陵区地表出露紫色砂页岩，发育为深受母岩影响、土质肥沃的紫色土仅在低山山地有黄壤分布；成都平原集中分布着灰色潮土，河流两岸阶地上有不同母质发育的潮土；盆地西部、西北部老冲积阶地上分布有红泥和黄泥。盆周山地以黄壤为基带，组成不同的垂直带状结构，从低到高分布着山地黄壤—山地黄棕壤—山地棕壤—山地草甸土—山地暗棕壤—山地棕色灰化土。攀西山地区以红壤、山地红壤为基带。区内主要受西南季风和西风南支急流影响，干湿季交替明显，因此，山地以红壤为其特点。但由于地势起伏巨大，水热差异悬殊，从低到高大致分布有山地褐红壤—山地黄棕壤—山地棕壤、山地棕红壤、山地草甸土、山地暗棕壤—山地灰化土—高山草甸土。川西北高原高山区以高山草甸土和高山峡谷山地褐色土、山地棕壤及其带谱组合。由于川西高山峡谷高差大，水热条件差异很大，能够体现水平地带特征的黄壤和红壤已不复存在，代之出现"垂直-水平"组合。其带谱结构为山地灰褐土—山地褐色土—山地棕壤—山地暗棕壤—高山草甸土。四川省柑橘主要分布在盆地海拔 700m 以下的丘陵、低山及平原地区，土壤多属紫色土，其次是黄壤、潮土等。

2.1.5 社会经济

据《四川统计年鉴 2016》，2015 年，四川省辖 21 个市(州)，183 个县(市、区)，332 个街道，4303 个乡镇。年末户籍总人口 9102 万人，比上年末减少 57.1 万人。其中，城镇人口 2785.2 万人，乡村人口 6316.8 万人。2015 年地区生产总值 30053.1 亿元，其中第一产业 3677.3 亿元，第二产业 13248.08 亿元，第三产业 13127.72 亿元。人均地区生产总值 36775 元，三次产业结构调整为 12.2∶44.1∶43.7。粮食作物播种面积 645.4 万 ha，粮食总产量 3442.8 万 t，油料作物播种面积 129.8 万 ha，产量 307.6 万 t；蔬菜播种面积 134.96 万 ha，蔬菜产量 4240.79 万 t；烟叶产量 22.22 万 t，茶叶产量 24.8 万 t，园林水果产量 806.52 万 t。生猪出栏 7236.54 万头，比上年下降 2.9%；家禽出栏 66154.91 万只，比上年增长 2.2%。2015 年新增农田有效灌溉面积 273.51 万 ha，农村用电量 174.8 亿 kW·h，比上年增长 3.1%。城镇居民人均可支配收入 26205 元，农村居民人均可支配收入 10247 元，其中，经营净收入 4197 元。根据四川省县域尺度上的生态环境、社会经济，可划分为川中丘陵区、川西高原区、成都平原区、攀西山地区、盆周山地区五个类型区[137]。

2.2 研究内容

柑橘类属芸香科 (Rutaceae) 柑橘亚科 (Aurantioideae) 柑橘族 (Citreae) 柑橘亚族 (Citrinae)。栽培上最重要的是柑橘属 (*Citrus* L.)，按照形态特征柑橘属包括大翼橙类、宜昌橙类、枸橼类、柚类、橙类、宽皮柑橘六大类。四川柑橘适栽品种较多，主栽品种为宽皮柑橘，以橙类、枸橼类和柚类为辅。近年来，四川柑橘发展较快的主要是宽皮柑橘。因此，为便于开展研究，本书以宽皮柑橘 (*Citrus reticulata* Blanco) 的椪柑、橘橙类 (不知火、春见、清见)、柠檬为研究对象。

2.2.1 四川柑橘适宜空间的演化特征研究

①主导自然环境变量识别。基于最大熵模型构建柑橘适宜分布与环境变量的关系模型，采用受试者工作特征 (receiver operating characteristic，ROC) 曲线检测模型精度，通过刀切法 (jackknife) 从潜在环境变量中识别主导因素。②四川柑橘适宜空间的演化特征分析。首先以 1km×1km 分辨率栅格像元为单位，采用 MaxEnt 模型计算得到 1980~2015 年四川省域范围内每个栅格的柑橘适宜分布概率；其次建立适宜分级评价标准，采用 ArcGIS 对比分析 1980~2015 年四川柑橘适宜空间分布，揭示柑橘适宜空间的动态变化。

2.2.2 四川柑橘生产空间的演化特征研究

①四川柑橘生产空间的时间演化特征。运用 SPSS 工具，采用产业集中度对 1980~2015 年四川柑橘种植面积的统计数据进行定量分析，掌握柑橘生产空间在时间上的变化特征。②四川柑橘生产空间的空间演化特征。运用 ArcGIS、GeoDa 等工具，采用产业重心模型、探索空间数据分析 (exploratory spatial data analysis，ESDA) 方法，对 1980~2015 年四川柑橘种植面积的统计数据进行定量分析，掌握柑橘生产空间在空间上的变化特征。③四川柑橘生产空间的响应变化特征。运用 MaxEnt 模型，以及 1980~2015 年主

导环境变量的累年平均值，计算得到四川柑橘的累年适宜空间。建立响应指数模型，分析 1980～2015 年四川柑橘生产空间对适宜空间的响应变化特征。

2.2.3　四川柑橘生产空间的响应机制研究

①四川柑橘生产空间分异的影响因素研究。利用多元回归模型、地理探测器等对驱动柑橘生产空间变化的"自然-人文"因素，以及与柑橘生产空间的时空匹配特征进行分析研究。②四川柑橘生产空间响应的驱动机制研究。运用空间面板模型，对 1980～2015 年四川柑橘生产空间演化的响应机制进行实证分析，定量解析 36 年间四川柑橘生产空间响应"自然-人文"等驱动因素的机制，明晰四川柑橘生产空间演变的深层次原因。

2.2.4　四川柑橘生产空间的优化调控研究

①建立柑橘空间优化调控模型。立足柑橘生产空间演化的影响因素和响应机制研究成果，利用 ArcGIS、Oracle 数据库、SQL 语言、MaxEnt 模型等技术，构建柑橘空间网格化模拟模型(spatial grid simulation model of citrus，SGSM-Citrus)，实现对柑橘生产空间的优化调控。②四川柑橘生产空间优化调控分析。利用 SGSM-Citrus 对 2025 年四川柑橘生产空间优化调控进行模拟，并提出空间调控建议方案。

本书的研究框架如图 2-1 所示。

2.3　数据来源与处理

2.3.1　气候数据与处理

气候数据来自国家气象科学数据中心提供的中国地面气候资料日值数据集(V3.0)，时间跨度为 1951～2017 年。该数据包含了四川省 42 个基本气象站的经纬度坐标、气温、降水量、日照时数等逐日数据。

分别以 1978～1982 年(5 年)、1983～1987 年(5 年)、1988～1992 年(5 年)、1993～1997 年(5 年)、1998～2002 年(5 年)、2003～2007 年(5 年)、2008～2012 年(5 年)、2013～2017 年(5 年)的气候年均值作为四川省 42 个气象站 1980 年、1985 年、1990 年、1995 年、2000 年、2005 年、2010 年、2015 年的气候资源情况。1980 年代表基期年，2015 年代表现状年。通过 MATLAB 软件利用 42 个气象站点的逐日气象数据计算得到各站点年日照时数、年平均气温、≥0℃积温、≥10℃积温、最热月平均气温、无霜期、气温年较差、最冷月平均气温、年降水量等。具体计算方法见表 2-1。

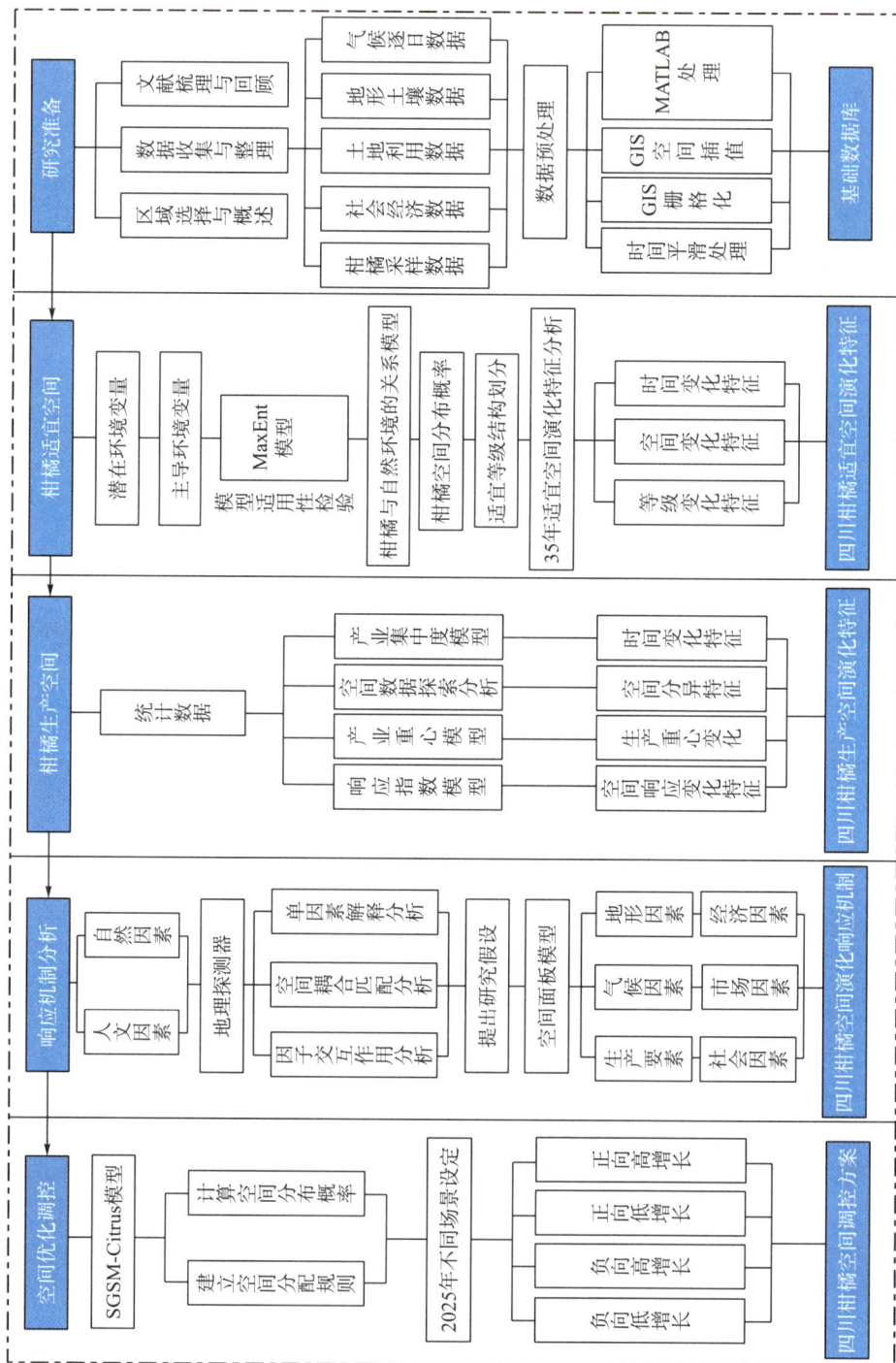

图2-1　研究框架

表 2-1　气候因子计算方法

气候因子	计算方法
年日照时数	1 年日照时数之和
年平均气温	1 年日平均气温之和除以天数
花期日平均气温	4～5 月日平均气温之和除以天数
最热月平均气温	7 月平均气温
最冷月平均气温	1 月平均气温
气温年较差	7 月平均气温与 1 月平均气温之差
≥0℃积温	当年稳定通过 0℃初与终日之间各日平均气温≥0℃之和
≥10℃积温	当年稳定通过 10℃初与终日之间各日平均气温≥10℃之和
日平均气温≥10℃的持续天数	日平均气温稳定通过 10℃初与终日之间的持续天数
夏季≥38℃持续天数	7～9 月最高温≥38℃的累计天数
无霜期	见正文
年降水量	求和逐日降水量
秋季降水量	求和 9～11 月逐日降水量
年均空气湿度	1 年逐日空气湿度之和除以天数
花期幼果期平均空气湿度	4～7 月逐日空气湿度之和除以天数

注：夏季≥38℃持续天数计算遇有小数时均进位取整数。

在计算≥0℃积温、≥10℃积温、日平均气温≥10℃的持续天数时首先需要判断日平均气温稳定通过 0℃和 10℃的日期。本书采用 5 日滑动平均方法确定农业界限温度初、终日期，即在 1 年中任意连续 5 天的日平均气温大于或等于该界限温度的最长一段时间内，选取第 1 个 5 天中最先 1 个日平均气温大于或等于该界限温度的日期作为该界限温度初日，选取最后 1 个 5 天中最末 1 个日平均气温大于或等于该界限温度的日期作为该界限温度的终日。大于或等于农业界限温度的持续天数是指农业界限温度初日和终日之间(含初日和终日)的天数[138]。

无霜期综合已有计算方式[138,139]，将百叶箱日最低气温≤2℃作为霜冻的气候指标。在 1 年中由暖季向寒季过渡期间第 1 次出现霜冻的日期称为初霜日；次年由寒季向暖季过渡期间最后 1 次出现霜冻的日期称为终霜日；终霜日后 1 天至初霜日前 1 天的天数称为无霜期。将暖季与寒季的分界时间定为每年的 8 月 1 日。

采用"多元回归+残差反距离加权"(inverse distance weighted，IDW)空间插值生成≥0℃积温、≥10℃积温、年平均气温、花期日平均气温、最冷月平均气温、最热月平均气温、年均空气湿度、花期幼果期平均空气湿度；采用 IDW 插值生成年日照时数、日平均气温≥10℃的持续天数、气温年较差、无霜期、夏季≥38℃持续天数；采用普通克里金法生成年降水量、秋季降水量。数据均为栅格数据，并重采样为 1km×1km 分辨率，投影为 WGS_1984_UTM_Zone_48N，空间范围为四川省全域。

2.3.2 地形土壤数据与处理

地形数据来自中国科学院资源环境科学与数据中心(www.resdc.cn)提供的 SRTM 90m。土壤数据来自国家科技资源共享服务平台—国家地球系统科学数据中心—土壤分中心(www.soil.geodata.cn)、中国科学院资源环境科学与数据中心、世界土壤数据库(Harmonized World Soil Database version 1.1,HWSD;获取地址为 http：www.fao.org/soils-portal/en/),以及四川省测土配方施肥土壤基础养分数据集(2697 个土壤采样点)。各土壤指标试验测定方法见表 2-2。

表 2-2　土壤数据实验方法

序号	指标	实验方法
1	有机质	重铬酸钾容量法
2	pH	土液比 1：2.5,电位法测定
3	全氮	半微量开氏法
4	全磷	分光光度法
5	全钾	氢氟酸消解法
6	黏粒含量	比重计速测法
7	粉粒含量	比重计速测法
8	沙粒含量	比重计速测法

由中国海拔数据 SRTM 90m 裁剪得到四川省 DEM,并经 ArcGIS 10.2 的空间分析模块(Spatial Analyst)生成坡度和坡向栅格数据。数据均为栅格数据,并重采样为 1km×1km 分辨率,投影为 WGS_1984_UTM_Zone_48N,空间范围为四川省全域。

用 1980 年土壤肥力和土壤颗粒数据作为 1980 年、1985 年、1990 年、1995 年的土壤变量,用 2010 年土壤肥力和土壤颗粒数据作为 2000 年、2005 年、2010 年、2015 年的土壤变量。1980 年全国耕层土壤的有机质、pH、全氮、全磷、全钾和土壤颗粒数据裁剪后作为 1980 年四川省土壤属性数据。2010 年的耕层土壤肥力和土壤颗粒数据通过普通克里金插值生成空间栅格数据。数据均为栅格数据,并重采样为 1km×1km 分辨率,投影为 WGS_1984_UTM_Zone_48N,空间范围为四川省全域。

2.3.3 社会经济数据与处理

社会经济数据来源于《中国县域统计年鉴(县市卷)》(1992~2016 年)、《全国农产品成本收益资料汇编》(1980~2016 年)、《四川统计年鉴》(1981~2016 年)、《四川农村统计年鉴》(1981~2016 年)、《四川农业统计年鉴》(1981~2016 年),以及四川省 21 个市(州)的统计年鉴。部分县域数据由于量纲、缺失、统计口径等造成的问题,采用移动平均、加权平均、时间平滑等统计方法进行相应处理与修正。鉴于研究期内四川省县域行政区划发生过多次调整，为保证数据的一致性，以 2010 年国家基础地理信息行政边界为基准，对县级数据进行归并，共计 181 个县级单位，最终形成 1980～2015 年的社会经济与农业统计时序数据。四川省行政区划数据来自地理监测云平台(www.dsac.cn)，通过采集 2008～2014 年四川省市、县、乡镇数据修订，比例尺为 1∶10 万。

2.3.4　土地覆被数据

土地覆被数据来自地理监测云平台。基于 Landsat 30m 遥感影像得到的四川省土地利用矢量数据，包括耕地、林地、草地、水域、建设用地和未利用地 6 个一级类型，以及有林地、灌木林、疏林地、其他林地和高、中、低覆盖度草地等 25 个二级类型。时间包括 1980 年、1990 年、1995 年、2000 年、2005 年、2010 年、2015 年。

第3章 四川柑橘适宜空间的演化特征研究

农作物生长对光、温、水等环境要素的适应是一种自然适应。作物从种子萌发或地下茎萌芽到产品收获的整个生长发育时期，受到诸多自然因子的共同影响，在无人为干扰条件下，农作物经过长期对环境过程的适应，形成了对不同自然环境的适应性，即作物自然适应性[140,141]。柑橘适宜空间即适宜柑橘生理生长分布的地区，它是符合柑橘生理生长要求的各自然环境因子在某一区域空间的集中体现，是能进行柑橘种植和经济生产的潜在区域。已有研究表明，年均温 23～29℃，≥10℃年积温 4500～8000℃，1 月均温 5～9℃，随温度升高，柑橘果实含糖量和糖酸比逐步提高；气温≥38℃，将抑制柑橘生长，最低气温在-5℃以上柑橘生长比较安全；年降水量 1200～2000mm 较为适宜，秋季降水量一般要求在 250mm 以上；年日照时数 1200～1500h 均能正常生长[26,81,142-144]。土壤 pH 在 5.0～7.5 均可生长，6.0～6.5 为适宜，耕作层有机质含量应在 2%～3%，5%为最佳，土壤为沙质时保肥能力较弱，使得果实酸少味甜，果皮薄滑。如果土壤深厚黏重，尽管保水保肥能力好，也会导致柑橘果大皮厚，酸味重[142,145]。山地一般排水通气良好，同时，山坡的逆温层可使柑橘免受或减轻低温冻害。在全球气候变暖大背景下，近 50 年四川省年均温以 0.116℃·(10a)$^{-1}$ 的速度线性倾向增暖，年最高气温和年最低气温在年际波动中也呈上升趋势，20 世纪 90 年代以来降水量明显偏少，线性减少率为 31.6mm·(10a)$^{-1}$[28-31]。温度、降水等环境因素变化将会直接打破稳定的"柑橘-环境"平衡。柑橘自然适应性在空间上的分布必然会随着自然环境的变化而变化，揭示环境变化下柑橘适宜空间的变化有助于理解生产空间的时空演化特征，对四川乃至全国柑橘产业发展具有重要现实意义。

因此，本章采用最大熵模型，对四川柑橘适宜空间的演化特征进行研究分析。①基于最大熵模型构建柑橘适宜分布与环境变量的关系模型，采用受试者工作特征曲线(ROC 曲线)检测模型精度，通过刀切法从潜在环境变量中识别主导环境变量。②以 1km×1km 分辨率栅格像元为单位，采用最大熵模型计算得到 1980～2015 年四川省域范围内每个栅格的柑橘适宜分布概率，结合 ArcGIS 分析揭示柑橘适宜空间的动态变化。

3.1 研究数据与方法

3.1.1 数据变量

1. 柑橘分布变量

柑橘分布位置数据主要有两个来源。通过野外实地考察，用手持全球定位系统(global

positioning system，GPS)获得产地经纬度坐标。其他分布数据通过国际应用生物科学中心（www.cabi.org)数据库、全球生物多样性信息平台(www.gbif.org)、国家植物标本库教学标本资源共享子库(mnh.scu.edu.cn)查询补充。由于在模拟过去或未来物种分布时会忽略过去或未来实际分布点的影响而造成系统误差，本书在柑橘分布采样时，尽量选择种植年限≥30 年的柑橘产区，兼顾了柑橘分布的历史性，减少系统误差。柑橘分布位置数据经整理、筛选，去除四川省以外的分布点，并保存为逗号分隔值(comma-separated values，CSV)文件格式(图 3-1)。

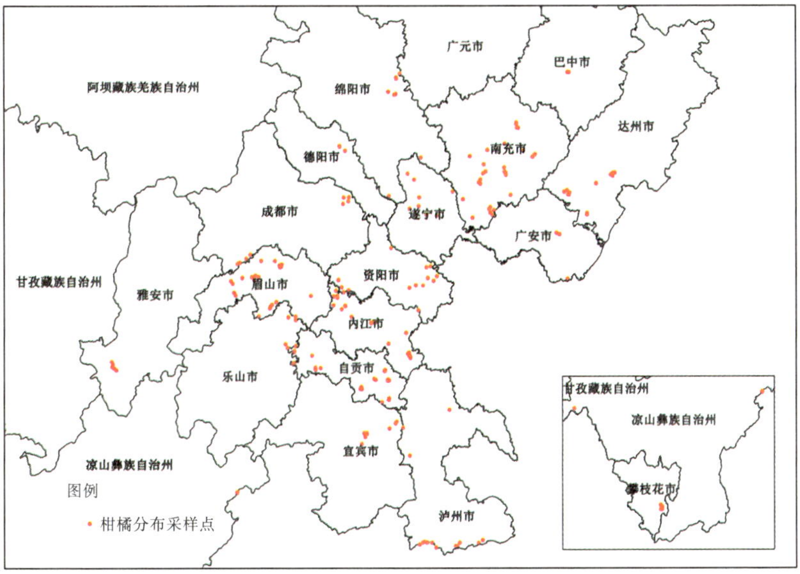

图 3-1　四川柑橘采样点分布位置

2. 潜在自然环境变量

通过文献综述法和专家经验法，筛选出与柑橘生理生长密切相关的水、热、土等 26 个因子作为潜在自然环境变量(表 3-1)。选择年日照时数分析研究期影响柑橘适宜分布的光照时空分布与变化；选择年平均气温、≥0℃积温、≥10℃积温、日平均气温≥10℃持续天数、最热月平均气温、无霜期和气温年较差分析影响柑橘分布的热量时空分布与变化；选择最冷月平均气温表征冬季温度条件，分析柑橘能否安全越冬；选择年降水量和秋季降水量分析影响柑橘分布的水分供应情况。选择耕层有机质、pH、全氮、全磷、全钾等表征土壤肥力时空分布与变化。将坡度、坡向、海拔等作为地形因子也引入潜在自然环境变量。在潜在自然环境变量中，不可避免地存在着自相关及多重线性等问题，在预测过程中会引入冗余信息，影响预测结果。因此，首先运用 MaxEnt 软件的刀切法对潜在自然环境变量进行分析筛选，别除贡献率较小的变量，基于主导自然环境变量重新建模。

表 3-1　影响柑橘适宜空间的潜在自然环境变量

序号	潜在自然环境变量	因子意义
1	年日照时数	影响柑橘的光合作用，光照不足导致果汁含糖量显著减少
2	年平均气温	反映一年总的热量情况
3	花期日平均气温	4～5 月日均温，影响柑橘基础产量
4	最热月平均气温	夏季高温使蒸腾量增大，水分供应亏缺，出现叶片萎蔫，果实停止生长和落果
5	最冷月平均气温	柑橘能否安全越冬
6	气温年较差	一年中月平均温度的变化幅度
7	≥0℃积温	作物生长期内适宜的热量资源
8	≥10℃积温	喜温植物生长期内的累积热量
9	日平均气温≥10℃持续天数	喜温植物生长期温度强度的持续时间
10	夏季≥38℃持续天数	气温过高(≥38℃)将抑制柑橘生长
11	无霜期	柑橘生长时期的长短
12	年降水量	橘树生长最快的春季、夏季、秋季，多雨或干旱都不利于柑橘的生长发育
13	秋季降水量	9～11 月为果实膨大期，需水量最大，水分供应少，导致果形小，沙少质劣
14	年均空气湿度	75%左右为佳。偏高时皮滑色艳，汁多味甜。反之果皮粗糙，沙少味劣，果形小
15	花期幼果期平均空气湿度	4～7 月湿度≥85%或≤60%会影响坐果率
16	有机质	影响作物基础产量、果实品质
17	pH	影响矿质养分溶解，pH＜4.8 和 pH＞8.5 不适于柑橘生长
18	全氮	氮肥与转化糖、还原糖、维生素 C 呈正相关，与总酸度呈负相关
19	全磷	磷肥能降低果实酸度，提高固酸比
20	全钾	钾肥可提高单果重和可溶性固形物含量，果皮增厚，减少裂果
21	黏粒含量	影响土壤的肥力、通气排水能力，间接影响柑橘生长
22	粉粒含量	影响土壤的肥力、通气排水能力，间接影响柑橘生长
23	沙粒含量	影响土壤的肥力、通气排水能力，间接影响柑橘生长
24	坡度	山坡地的排水通气性良好，易形成逆温层有利于柑橘生长
25	坡向	直接影响光照、降水等因素，并影响到柑橘产量、外形和品质
26	海拔	通过温度间接影响柑橘生长

3.1.2　MaxEnt 模型

1. 模型方法

　　MaxEnt 模型的思路是在推断未知概率分布时充分考虑已知信息。换言之，MaxEnt 模型是根据已知样本对未知分布的最优估计应当满足已知样本的环境变量对该未知分布的限制条件，并使该分布具有最大的熵(不被任何其他条件限制)。史蒂文·菲利普斯 (Steven Phillips)等基于生态位理论，考虑气候、海拔、植被等环境因子，用最大熵原理作统计推断工具，构建了物种地理尺度上空间分布的生态位模型，并编写了开源软件

MaxEnt，本书采用版本为 Version3.4.1。MaxEnt 模型利用数学模型统计分析熵最大时物种的分布状态，在分布数据较少时 MaxEnt 模型的预测结果比同类预测模型更精确。

MaxEnt 模型在实际应用中，采用物种出现位置数据和环境变量数据对物种生境适宜性进行评价，从符合条件的分布中选择熵最大的分布作为最优分布，预测的结果是物种存在的相对概率。在最大熵估计中，物种的真实分布表示为研究区域 X 个站点集上的概率分布 π。对每个站点 x 均有一个非负的概率 $\pi(x)$，然后以物种分布点的数据作为限制因子对概率分布 π 进行建模。限制因子表达为环境变量的简单函数 $f_1, f_2, \cdots, f_n$，称为特征函数。在模拟物种分布时，假设从站点集 X 中随机选取一个站点 x，如果存在该物种为 1，不存在为 0，是否存在的响应变量为 y，则分布概率 $\pi(x) = P(x|y=1)$，即已知该物种在研究区内分布的情况下，在站点 x 观察到物种存在的概率。根据贝叶斯定理可知：

$$p(y=1|x) = \frac{p(x|y=1)p(y=1)}{p(x)} = \pi(x)p(y=1)|x| \tag{3-1}$$

式中，$p(x) = \frac{1}{|x|}$；$p(y=1)$ 是整个区域内该物种分布的概率；$p(y=1|x)$ 是该物种分布在站点 X 处的概率。因此，$\pi(x)$ 正比于物种分布的存在概率。但是在实际应用中，通常只有取样点的观察数据，不能得到 $p(y=1)$，因此不能直接估计 $p(y=1|x)$，需要对 $\pi(x)$ 进行最大熵估计。

最大熵分布是根据特征函数集 $f = \{f_1, f_2, \cdots, f_n\}$ 构建吉布斯(Gibbs)分布族。吉布斯分布族是以特征函数集 f 的加权和作为参数的指数分布，定义为

$$q_\lambda(x) = \frac{\exp\left(\sum_{j=1}^n \lambda_j f_j(x)\right)}{Z_\lambda} \tag{3-2}$$

式中，$\lambda = (\lambda_1, \lambda_2, k, \lambda_n)$ 为特征权重，Z_λ 为归一化常数。因此，最大熵模型 $q_\lambda(x)$ 在站点 X 的值取决于 X 处的环境变量，通过取样集训练得到权重值，得到的模型便可以在具有同样环境变量的点上进行预测。MaxEnt 模型仅支持 ASCII 格式，因此需要在 ArcGIS 中对数据格式进行变换，将栅格数据转换为 ASCII 格式，以便作为 MaxEnt 模型的环境变量进行模拟。

2. 参数设定

MaxEnt 模型与其他机器学习方法相比，重在概率推理。对于 MaxEnt 模型，用户规定参数和默认值是收敛阈值，为 10^{-5}，最多迭代次数是 1000 次，规则化值 β 为 10^{-4}，特征组合(feature class，FC)采用 MaxEnt 模型默认的线性(linear，L)，二次型(quadratic，Q)，片段化(hinge，H)，乘积型(product，P)四种特征类型。前两个参数是守恒值，使得算法接近收敛。β 值越小对预测的影响越小。本书的参数设置如下。

(1)存在点样本的比例设定是利用存在点数据，随机选择 75% 的分布数据集作为训练样本，用来训练模型，25% 作为验证样本。

(2)选中 Random Seed，迭代次数为 500 次，迭代类型为交叉验证(cross validate)。

（3）为了评估生成的分布模型的预测能力，执行"Create Response Curves"。

（4）为了判断各自然环境变量对分布预测的贡献度，执行"Do Jackknife to Measure Variable Importance"。

3．模型精度

一般而言，预测模型会产生两类错误：一类是过低估计，将实际的阳性区预测为阴性区，为假阴性；另一类是过高估计，将实际的阴性区预测为阳性区，为假阳性。这两类错误都与判断阈值密切相关[146,147]。真阳性为模型正确预测物种为存在的单元数；假阳性为模型错误预测物种为存在的单元数。假阴性为模型错误预测物种为不存在的单元数；真阴性为模型正确预测物种为不存在的单元数（表 3-2）。物种已知的分布数据只表示该物种存在，无法得到表示物种不存在的数据，所以真正的假阳性率无从得知。因此在计算假阳性率时，一般假设除物种存在外的所有空间单元均为"拟不存在"单元，计算出模型的假阳性率并以此代替表示真正的假阳性率。另外，一般将随机分布模型作为背景模型（参照模型），表示物种在考察区域的分布是完全随机的，存在与否的概率各为50%。

表 3-2　用于评价模型准确性的四格表

预测	实际	
	存在	不存在
存在	真阳性	假阳性
不存在	假阴性	真阴性

MaxEnt 模型采用 ROC 曲线来考察模型的预测精度。ROC 曲线摒弃了传统方法将试验结果分为真假两类的弊端，它允许有中间状态出现，把结果分成多个类别再进行统计评价，这与实际情况更加吻合。因此，ROC 曲线评价方法比传统诊断试验方法应用更加广泛。ROC 曲线把预测结果的每个值都作为可能的判断界值，并以此计算相应的灵敏度和特异度，横坐标为假阳性率即特异率，纵坐标为真阳性率即灵敏度。

随机模型的 ROC 曲线表现为对角线，其曲线下面积（area under the curve，AUC）值为0.5。若模型预测结果的 ROC 曲线偏离参照模型的 ROC 曲线越多，则模型预测结果的 ROC 曲线下面积越大，并用 ROC 曲线下面积来反映模型的预测能力。该值与物种分布率和阈值无关，取值范围为0～1，AUC 值越接近 1 表示模型判断力越强。在理想情况下，AUC值为1，则表示模型预测分布区与物种实际分布区完全吻合。一般将 AUC 值为 0.50～0.60视为模型失败、0.60～0.70 视为模型较差、0.70～0.80 视为模型一般、0.80～0.90 视为模型好、0.90～1.00 视为模型非常好，当 AUC 值＞0.75 时，可认为模型可用[148-151]。计算AUC 值最简单的方法是梯形法（图 3-2），将曲线上相邻两点以直线相连与横坐标围成的各梯形面积相加得到 AUC 值。MaxEnt 模型在预测结果中直接绘制出了 ROC 曲线并给出了模型的 AUC 值。

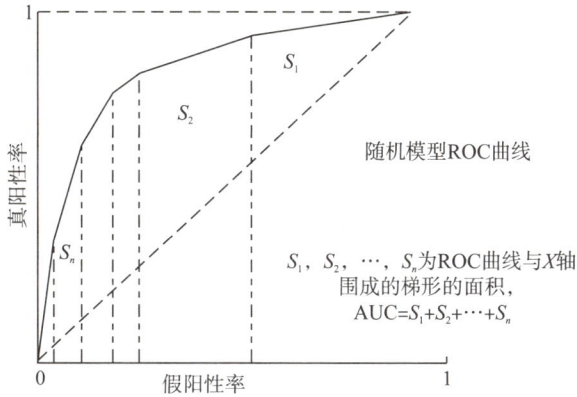

图 3-2　用梯形法计算 AUC 值示意图

　　1980~2015 年四川省柑橘适宜空间分布与自然环境变量关系模型的预测准确度非常好,训练数据集的 AUC 值为 0.938~0.944,验证数据集的 AUC 值为 0.907~0.926(图 3-3)。无论训练数据集还是验证数据集,在 8 个时间截面上 MaxEnt 模型的精度均显著好于随机模型的精度(AUC=0.5),说明 MaxEnt 模型准确地预测了四川省柑橘潜在适宜区的空间范围。

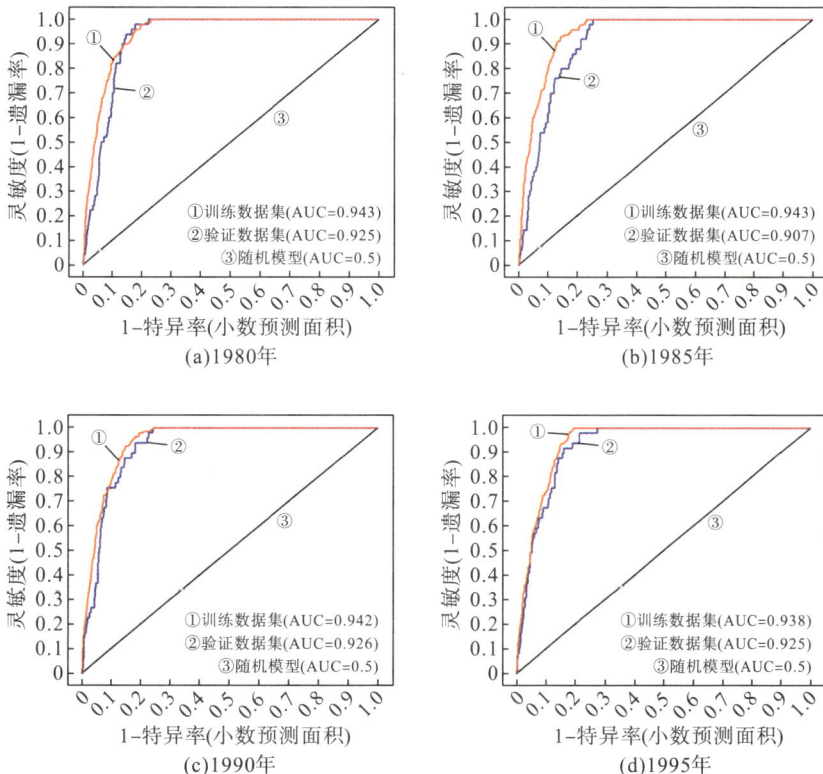

(a)1980年

(b)1985年

(c)1990年

(d)1995年

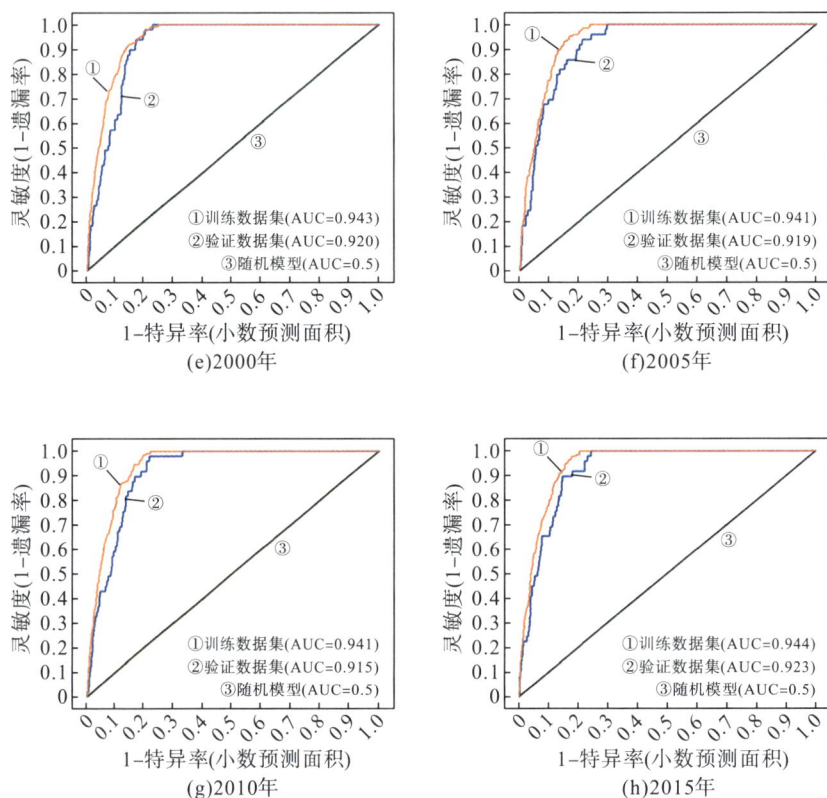

图 3-3　1980~2015 年四川省柑橘潜在空间分布预测结果的 ROC 曲线及 AUC 值

3.1.3　适宜等级划分

1. 适宜等级标准

　　MaxEnt 模型能够给出物种在待预测地区的存在概率(或称适宜概率)P，取值范围为 0~1，P 值越大代表该地区越适合该物种的生存。借鉴联合国政府间气候变化专门委员会 (Intergovernmental Panel on Climate Change，IPCC) 第五次评估报告对"可能性"的量化，以及统计学的相关原理，本书将四川省柑橘适宜空间划分为四个等级，详见表 3-3。

表 3-3　四川省柑橘适宜空间划分标准

存在概率	适宜等级
$P < 0.3$	不适宜区
$0.3 \leqslant P < 0.5$	低适宜区
$0.5 \leqslant P < 0.7$	中适宜区
$P \geqslant 0.7$	高适宜区

2. 适宜空间确定

利用 MaxEnt 模型可得到柑橘在四川省适宜分布的存在概率 P, MaxEnt 模型的输出结果格式为 ASCII。将该文件导入 ArcGIS 10.2 中，利用 ArcToolbox 工具箱中的转换工具，选择栅格分类下的 ASCII 转栅格，将输出的结果文件由 ASCII 格式转换为栅格数据格式。前述柑橘适宜空间划分尚未考虑土地利用因素，四川省水田多为基本农田，受口粮自给的粮食政策影响，水田一般未进行柑橘种植。同时，水域、建设用地等也无法进行柑橘种植。因此，根据中国土地利用现状遥感监测数据的土地分类标准，仅保留旱地和其他林地两种类型，最后得到不同时期柑橘适宜空间分布。进一步以 0.3、0.5、0.7 为间隔，将柑橘适宜空间确定为不适宜区($P<0.3$)、低适宜区($0.3 \leqslant P<0.5$)、中适宜区($0.5 \leqslant P<0.7$)、高适宜区($P \geqslant 0.7$)，并将中适宜区、高适宜区统称为适宜区。

3.2　自然环境变量分析与识别

3.2.1　潜在自然环境变量分析

通过 MaxEnt 模型的刀切法计算得到潜在自然环境变量对四川省柑橘适宜空间分布概率的贡献率，如图 3-4 所示。1980～2015 年 8 个时间截面内所有变量对柑橘适宜空间分布概率的总贡献率(with all variable)均在 1 以上，其中 1980 年、1985 年、1990 年、2000 年、2005 年、2015 年均不低于 1.6, 1995 年、2010 年均大于 1.5。

单变量贡献率(with only variable)是仅考虑某一变量单独对柑橘适宜空间分布概率的贡献。在 36 年中，单变量贡献率最大的是年均温，其贡献率大于 1.2(1985 年为海拔)，最小的是坡向，其贡献率小于 0.1。≥0℃积温、≥10℃积温、海拔、花期日平均气温、最冷月平均气温、最热月平均气温、年平均气温 7 个环境变量均表现出较强影响，其贡献率均大于 1，除 2005 年、2015 年外，年均空气湿度的单独贡献率也大于 1。土壤变量对柑橘适宜空间分布概率的影响较小，有机质、pH、黏粒含量、沙粒含量、全氮、全磷等变量的单独贡献率在绝大部分时期均小于 0.8，粉粒含量、全钾单独贡献率均小于 0.2。潜在自然环境变量分析结果反映出气候变量，尤其热量变量是影响四川省柑橘适宜空间分布的主要因子。其他变量贡献率(without variable)是在不考虑该变量时，剩余变量对分布概率的贡献，主要考察该变量是否包含剩余变量没有的信息。1980～2000 年其他变量贡献率较小的变量集中在夏季≥38℃持续天数，2005～2015 年其他变量贡献率较小的变量集中在年降水量，相应年份在没有这两个变量时，其他变量对柑橘适宜空间分布的解释出现显著下降，说明这两个变量包含了其他变量不存在的部分信息。柑橘生长发育及产量形成受到环境变量及其组合变化的强烈影响，一个变量或多个变量对柑橘生长的正效应可能被其他变量强化，也可能被减弱，甚至被完全抵消[152]。该结果说明随着时间推移，夏季≥38℃持续天数所包含的部分信息被弱化，而年降水量所包含的信息被增强，这一结果也显示了其他变量贡献率存在着"热—水"转换的趋势，逐步从热量约束转向水约束。

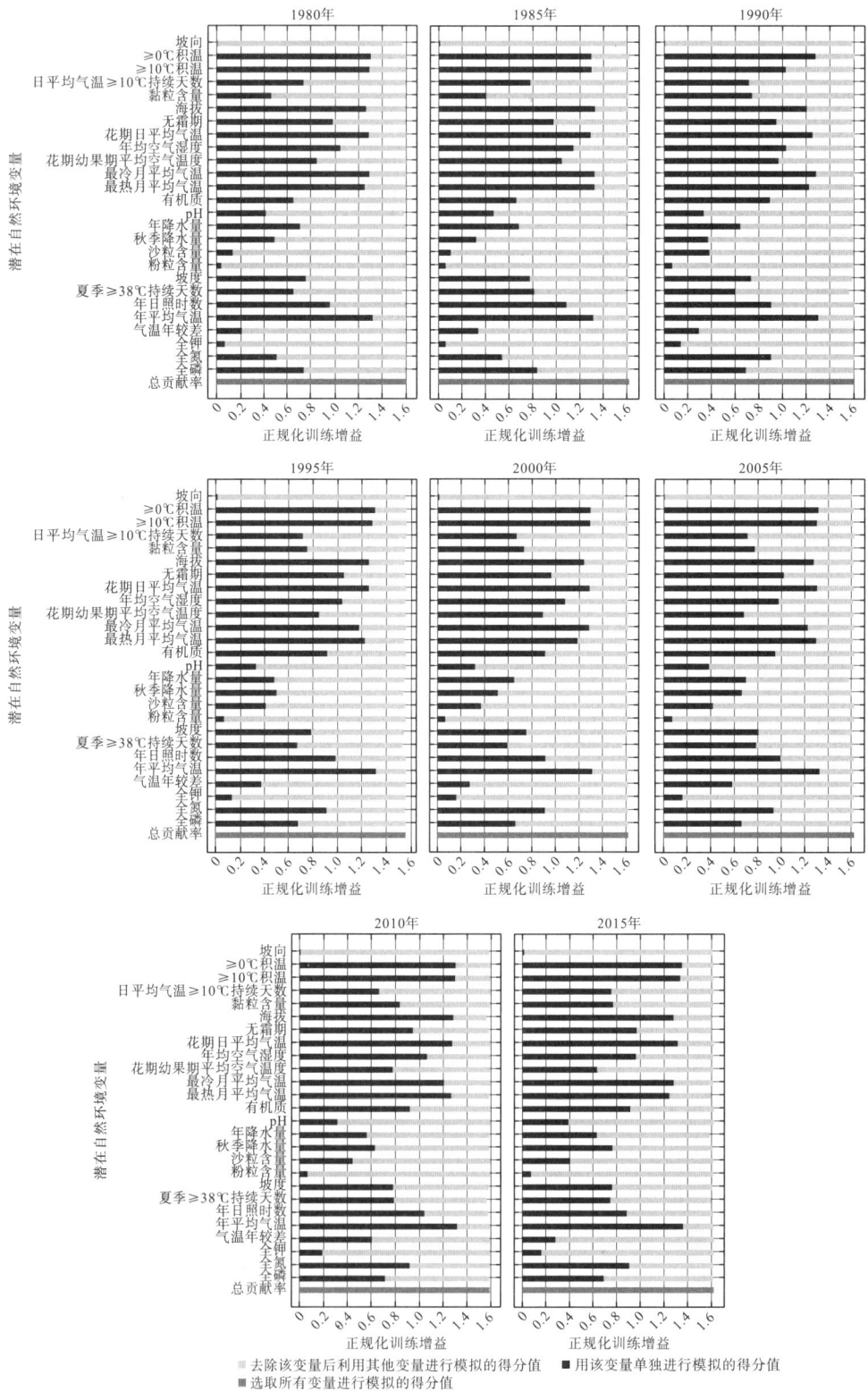

图 3-4　基于刀切法的潜在自然环境变量对四川省柑橘适宜空间分布概率的贡献率

3.2.2　主导自然环境变量识别

表 3-4 直观地显示了潜在自然环境变量对柑橘适宜空间分布相对贡献率的年际变化。从年际变化来看，海拔、≥0℃积温、最冷月平均气温、无霜期、≥10℃积温、黏粒含量、年降水量、秋季降水量、气温年较差、有机质、年日照时数、全氮 12 个环境变量的相对贡献率总体呈增长趋势，其他变量处于下降态势。其中，≥0℃积温的贡献率的年均增幅最大，为 7.56%；其次是气温年较差，年均增幅为 6.48%。此外，≥10℃积温、年日照时数的年均增幅均超过了 2%。虽然潜在自然环境变量相对贡献率的年际变化一定程度上反映出变量对柑橘适宜区的影响变化，但不能反映对适宜区的真实影响。从相对贡献率 36 年的均值来看，不同时期潜在自然环境变量对柑橘适宜空间分布概率的影响不同，在 26 个潜在环境变量中，相对贡献率最大的是海拔，其均值为 64.43%。最热月平均气温、年平均气温、夏季≥38℃持续天数、年均空气湿度、花期日平均气温、坡度、年降水量、气温年较差、≥0℃积温、年日照时数、最冷月平均气温、无霜期、≥10℃积温、pH 对柑橘空间分布的贡献依次降低，其均值为 1.00%～8.25%。土壤环境变量对柑橘空间分布的贡献整体较低，土壤颗粒组成、氮磷钾的均值均小于 1%，尤其是耕层土壤有机质、沙粒含量、全钾对四川省柑橘适宜空间分布几乎无影响。海拔、坡度可视为稳定变量，其主要通过对光、热、水等资源的再分配影响柑橘适宜空间分布。因此，四川省柑橘适宜空间分布的主导自然环境变量可以概括为以光、热、水为特征的气候环境变量。

表 3-4　潜在自然环境变量对四川省柑橘适宜空间分布的相对贡献率(%)

潜在自然环境变量	1980 年	1985 年	1990 年	1995 年	2000 年	2005 年	2010 年	2015 年	均值
海拔	65.10*	59.70*	64.10*	67.20*	65.20*	62.30*	65.70*	66.10*	64.43*
年均空气湿度	2.40*	5.00*	1.70*	2.20*	1.50*	1.30*	3.50*	0.80	2.30*
最热月平均气温	7.00*	9.80*	10.40*	8.20*	4.80*	10.80*	8.50*	6.50*	8.25*
≥0℃积温	0.50	0.50	1.00*	0.20	0.40	1.90*	0.40	6.40*	1.41*
最冷月平均气温	1.10*	1.50*	0.20	1.40*	1.40*	1.10*	0.00	2.10*	1.10*
无霜期	1.10*	0.50	1.90*	0.90	0.90	0.70	1.00*	1.50*	1.06*
≥10℃积温	1.10*	0.00	0.70	0.80	1.10*	0.50	1.70*	2.50*	1.05*
夏季≥38℃持续天数	3.10*	4.00*	1.40*	3.50*	3.70*	1.60*	3.70*	2.10*	2.89*
坡向	1.50*	0.80	2.00*	0.60	1.30*	0.60	0.30	0.50	0.95
pH	0.70	1.40	1.50*	2.50*	0.20	0.90	0.60	0.20	1.00*
年平均气温	2.40*	5.20*	1.10*	1.80*	6.40*	1.40*	4.10*	0.80	2.90*
花期幼果期平均空气湿度	1.80*	0.70	0.90	0.30	1.10*	0.50	1.60*	0.10	0.88
沙粒含量	0.40	0.00	0.70	0.30	0.00	0.00	0.00	0.00	0.20
花期日平均气温	3.40*	1.40*	2.10*	1.80*	0.00	3.20*	0.40	0.50	1.60*
黏粒含量	0.40	1.40*	1.60*	0.80	0.20	1.20*	1.20*	0.70	0.94

续表

潜在自然环境变量	1980 年	1985 年	1990 年	1995 年	2000 年	2005 年	2010 年	2015 年	均值
年降水量	1.60*	1.00*	1.00*	0.50	1.70*	3.20*	0.60	2.30*	1.49*
全钾	1.00*	0.30	0.20	0.20	0.10	0.00	0.10	0.00	0.24
坡度	1.90*	1.60*	1.80*	1.20*	1.10*	2.40*	1.30*	1.20*	1.56*
秋季降水量	1.20*	0.60	0.30	0.70	0.60	1.20*	1.00*	1.50*	0.89
日平均气温≥10℃持续天数	0.30	0.20	0.30	0.70	0.60	0.70	0.00	0.30	0.40
气温年较差	0.20	0.80	2.40*	0.80	4.00*	1.30*	0.50	1.80*	1.48*
粉粒含量	0.40	0.40	1.10*	0.30	0.10	0.00	0.40	0.00	0.34
有机质	0.10	0.10	0.00	0.00	0.10	0.70	0.20	0.00	0.18
全磷	1.20*	1.70*	0.60	0.10	1.80*	0.40	0.00	0.50	0.79
年日照时数	0.10	1.30*	0.90	3.00*	1.40*	1.00*	2.00*	0.20	1.24*
全氮	0.00	0.10	0.10	0.00	0.30	1.10*	1.20*	1.20*	0.50

注：*为识别出的主导自然环境变量。

3.3　柑橘适宜空间的时间变化特征

3.3.1　总体特征

　　将不同时期相对贡献率大于等于 1%的变量确定为主导自然环境变量(表 3-4)。基于主导自然环境变量重新建模，得到 1980 年、1990 年、1995 年、2000 年、2005 年、2010 年、2015 年的四川省柑橘适宜空间分布图(图 3-5)。从图 3-6 可知，研究期间四川省柑橘适宜空间面积均值为 165.49 万 ha，约占全省面积的 3.40%。36 年间，适宜空间面积累计减少 3.1 万 ha。1980~2015 年，柑橘适宜空间演化过程呈双峰状波动变化，自 1980 年起，适宜空间面积从 164.05 万 ha，增长到 1990 年的 173.20 万 ha，1990~2000 年逐步下降，并在 2000 年降至 158.72 万 ha。2005 年又出现快速增加，达到 171.80 万 ha，随后适宜空间面积出现第二次下降，2015 年降至 160.95 万 ha。

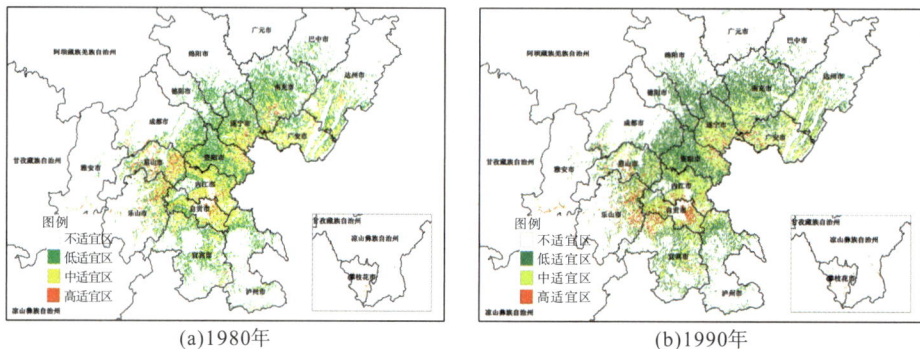

(a)1980年　　　　　　　　　　(b)1990年

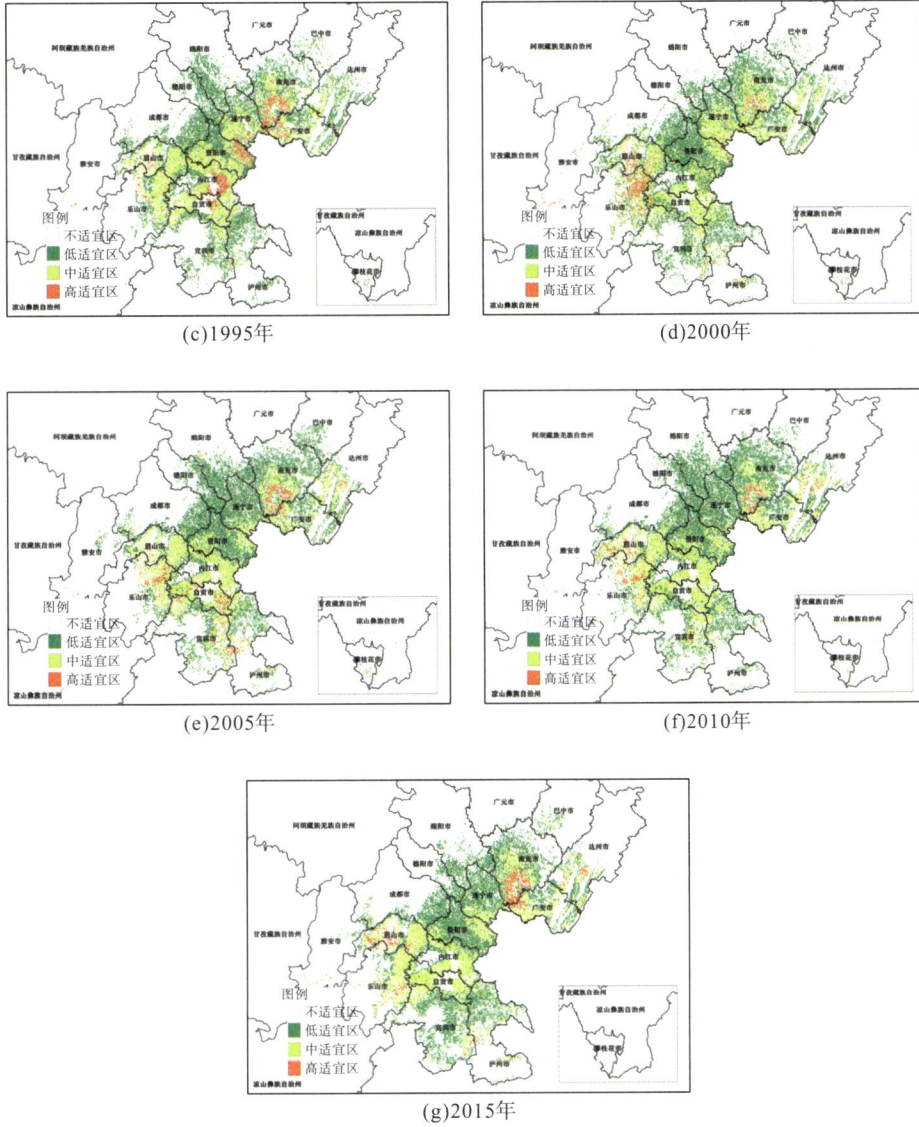

(c)1995年　　　　　　　　　　　　(d)2000年

(e)2005年　　　　　　　　　　　　(f)2010年

(g)2015年

图 3-5　1980～2015 年四川省柑橘适宜空间分布图

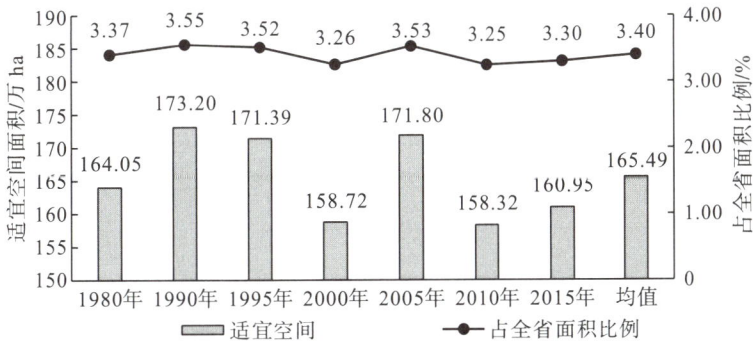

图 3-6　四川省柑橘适宜空间的时序变化

3.3.2　中适宜空间的时序特征

图3-7为四川省柑橘中适宜空间的时序变化情况，中适宜空间面积均值为150.08万ha，约占全省面积的3.08%。36年间四川省柑橘中适宜空间面积为145.43万～157.16万ha，占比为2.98%～3.23%。1980～2015年，四川省柑橘中适宜空间面积呈现出波动减少趋势，2015年较之1980年，中适宜空间面积累计减少6.22万ha。中适宜空间的时序变化在1990年、2005年出现波峰，且在2005年达到峰值157.16万ha，在2000年出现波谷，其值为145.43万ha，其变化趋势与总适宜空间基本一致。

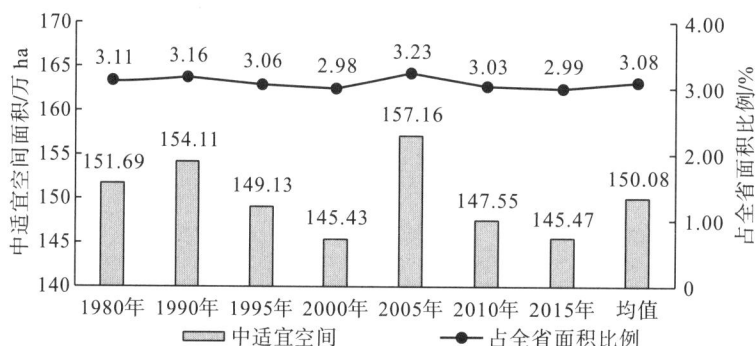

图3-7　四川省柑橘中适宜空间的时序变化

3.3.3　高适宜空间的时序特征

图3-8为四川省柑橘高适宜空间的时序变化情况，高适宜空间面积均值为15.41万ha，约占全省面积的0.32%。36年间四川省柑橘高适宜空间面积为10.77万～22.26万ha，占比为0.22%～0.46%。1980～2015年，四川省柑橘高适宜空间面积呈现出波动增加态势，1980～1995年，高适宜空间面积逐步增加，在1995年达到最大值后快速回落，并在2010年降至最小值，其后逐步增加，到2015年高适宜空间面积增加至15.48万ha。2015年较之1980年，高适宜空间面积累计增加3.12万ha。

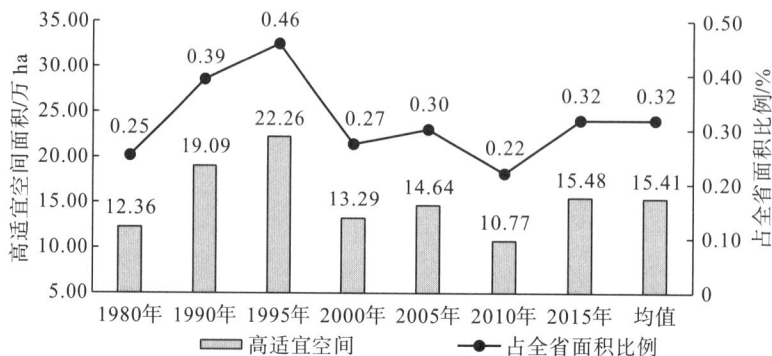

图3-8　四川省柑橘高适宜空间的时序变化

3.4　柑橘适宜空间的空间变化特征

3.4.1　总体特征

为了便于分析讨论，根据四川省柑橘适宜空间的时序变化，选择 1980 年、1995 年、2005 年、2015 年四个时间截面进行空间分异分析(表 3-5)。结果表明，四川省柑橘适宜空间基本保持稳定(图 3-9)，主要分布在川中丘陵区、成都平原区，以及与盆周山地区的交接地区，对比 1980 年和 2015 年发现，适宜空间整体呈现收缩趋势，南充市、乐山市、眉山市、泸州市等市的适宜空间总体呈现扩张趋势，资阳市、遂宁市、达州市、内江市、宜宾市、广安市等市的适宜空间总体呈现收缩趋势。

表 3-5　四川省柑橘适宜空间的区域变化　　　　　　　　　　　(单位：万 ha)

市(州)	1980 年			1995 年			2005 年			2015 年		
	中适宜区	高适宜区	合计	中适宜区	高适宜区	合计	中适宜区	高适宜区	合计	中适宜区	高适宜区	合计
阿坝州												
巴中市	0.66		0.66	0.69	0.02	0.71	0.53		0.53	0.81	0.03	0.84
成都市	1.66	0.33	1.99	0.61		0.61	1.40		1.40	1.14		1.14
达州市	10.22	0.33	10.55	5.38	0.15	5.53	9.93	0.80	10.73	6.65	1.33	7.98
德阳市	0.52		0.52	0.46		0.46	0.04		0.04	0.32		0.32
甘孜州										0.01		0.01
广安市	13.53	0.28	13.81	11.06	1.79	12.85	10.75	0.76	11.51	11.13	1.64	12.77
广元市												
乐山市	11.54	2.22	13.76	15.39	0.86	16.25	14.95	2.36	17.31	16.91	1.61	18.52
凉山州	0.16	0.05	0.21	0.25	0.04	0.29	0.36	0.06	0.42	0.14	0.04	0.18
泸州市	5.68	0.10	5.78	3.47	0.05	3.52	8.13	0.95	9.08	7.03	0.48	7.51
眉山市	12.81	3.92	16.73	17.29	0.90	18.19	18.10	0.30	18.40	17.37	3.28	20.65
绵阳市	0.35		0.35	0.16		0.16	0.45	0.05	0.50	0.07		0.07
南充市	11.95	1.12	13.07	15.72	5.83	21.55	17.20	4.55	21.75	14.40	6.62	21.02
内江市	21.00	0.83	21.83	18.17	5.82	23.99	21.02	0.29	21.31	19.78		19.78
攀枝花市	0.60	0.19	0.79	0.57	0.02	0.59	0.90	0.04	0.94			
遂宁市	13.50	0.83	14.33	16.23	1.50	17.73	7.97		7.97	8.67	0.03	8.70
雅安市	0.40	0.06	0.46	0.24	0.03	0.27	0.24	0.05	0.29	0.26	0.13	0.39
宜宾市	11.09	0.24	11.33	7.78	0.07	7.85	13.57	2.11	15.68	9.94	0.29	10.23
资阳市	21.18	0.51	21.69	23.33	3.35	26.68	15.29		15.29	13.44		13.44
自贡市	14.84	1.35	16.19	12.33	1.83	14.16	16.33	2.32	18.65	17.4		17.40
合　计	151.69	12.36	164.05	149.13	22.26	171.39	157.16	14.64	171.8	145.47	15.48	160.95

注：空值代表无对应等级适宜区分布。

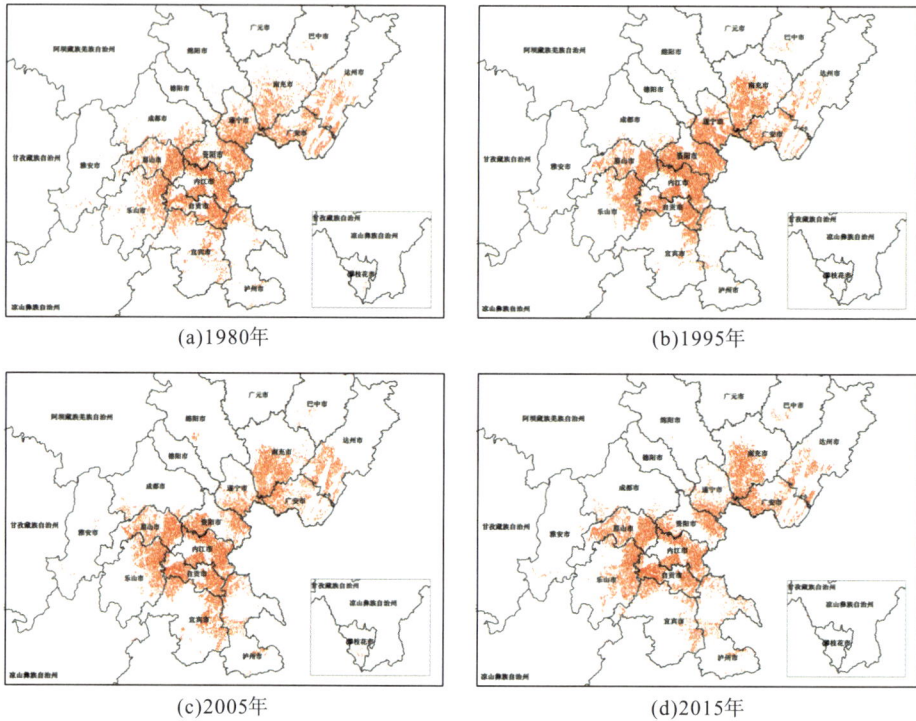

图 3-9   1980～2015 年四川省柑橘适宜空间变化

在四个时间截面上，局部地区空间扩张与空间收缩交替发生。其中 1980～1995 年以空间扩张为主，适宜空间面积快速增加，南充市、资阳市、遂宁市、乐山市、内江市的空间扩张显著，适宜空间面积分别增加 8.48 万 ha、4.99 万 ha、3.40 万 ha、2.49 万 ha、2.16 万 ha。达州市、宜宾市、泸州市等的空间收缩明显。1995～2005 年，虽然适宜空间面积保持稳定，但是空间变化依然存在，仍以空间扩张为主，宜宾市、泸州市、达州市、自贡市空间扩张较为显著，适宜空间面积分别增加 7.83 万 ha、5.56 万 ha、5.20 万 ha、4.49 万 ha。资阳市、遂宁市、内江市、广安市空间收缩剧烈，适宜空间面积分别减少 11.39 万 ha、9.76 万 ha、2.68 万 ha、1.34 万 ha。2005～2015 年，总体上以空间收缩为主，宜宾市、达州市、资阳市、泸州市、内江市、自贡市空间收缩相对明显，适宜空间面积分别减少 5.45 万 ha、2.75 万 ha、1.85 万 ha、1.57 万 ha、1.53 万 ha、1.25 万 ha。眉山市空间扩张明显，适宜空间面积增加 2.25 万 ha。

3.4.2   中适宜空间变化特征

四川省柑橘中适宜空间的变化与适宜空间基本一致，其空间变化相对较小，研究期间在局部地区空间扩张与空间收缩交替发生，整体上呈现空间收缩，并表现出"收缩—扩张—收缩"的演化过程(图 3-10)。对比 1980 年和 2015 年发现，资阳市、遂宁市、达州市、广安市、内江市、宜宾市等市呈现空间收缩，乐山市、眉山市、自贡市、南充市、泸州市等市呈现空间扩张。

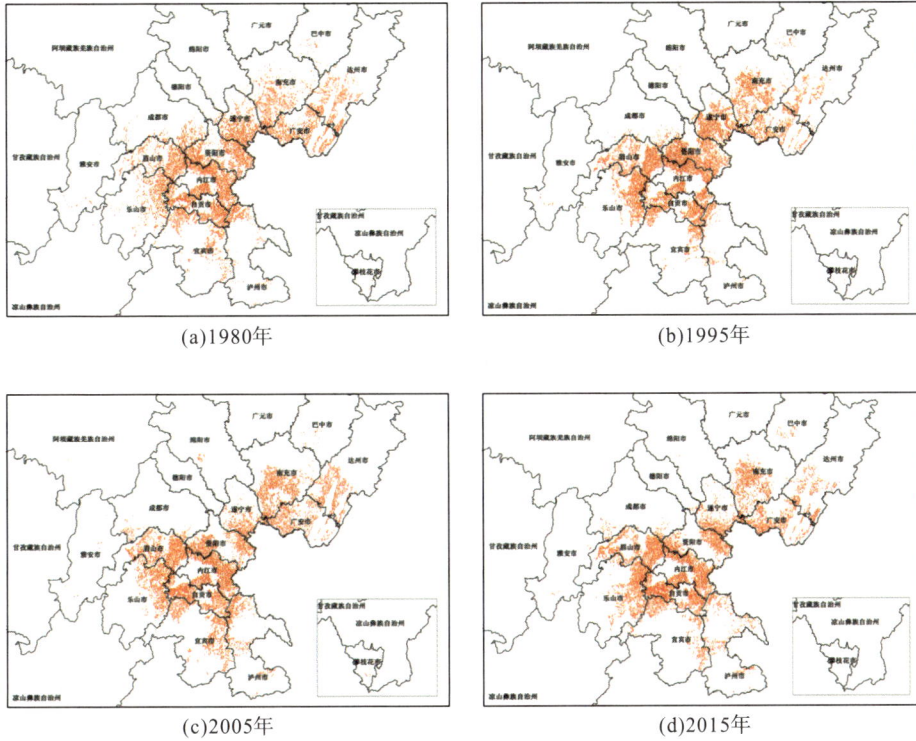

(a)1980年　　　　　　　　　　　　　　(b)1995年

(c)2005年　　　　　　　　　　　　　　(d)2015年

图 3-10　1980～2015 年四川省柑橘中适宜区的空间变化

1980～1995 年，中适宜区以空间收缩为主，达州市、宜宾市、内江市、自贡市、广安市、泸州市的中适宜区空间收缩相对明显，中适宜区面积分别减少 4.84 万 ha、3.31 万 ha、2.83 万 ha、2.51 万 ha、2.47 万 ha、2.21 万 ha。眉山市、乐山市、南充市、遂宁市、资阳市的中适宜区空间扩张相对明显。1995～2005 年，中适宜区以空间扩张为主。宜宾市、泸州市、达州市、自贡市、内江市的中适宜区空间扩张相对明显，中适宜区面积分别增加 5.79 万 ha、4.66 万 ha、4.55 万 ha、4.00 万 ha、2.85 万 ha。遂宁市、资阳市的中适宜区空间收缩明显。2005～2015 年，中适宜区以空间收缩为主。宜宾市、达州市、南充市、资阳市、内江市、泸州市的中适宜区空间收缩相对明显，中适宜区面积分别减少 3.63 万 ha、3.28 万 ha、2.80 万 ha、1.85 万 ha、1.24 万 ha、1.10 万 ha。乐山市、自贡市的中适宜区空间扩张相对明显。

3.4.3　高适宜空间变化特征

研究期间，高适宜区在眉山市、内江市、自贡市、遂宁市、南充市、广安市等市均有分布，并从零星分散向区域集聚转变，整体呈现出扩张态势，并历经"扩张—收缩—扩张"的演化过程(图 3-11)。对比 1980 年和 2015 年发现，南充市、广安市、达州市高适宜区空间扩张明显，自贡市、内江市、遂宁市高适宜区空间收缩相对明显。

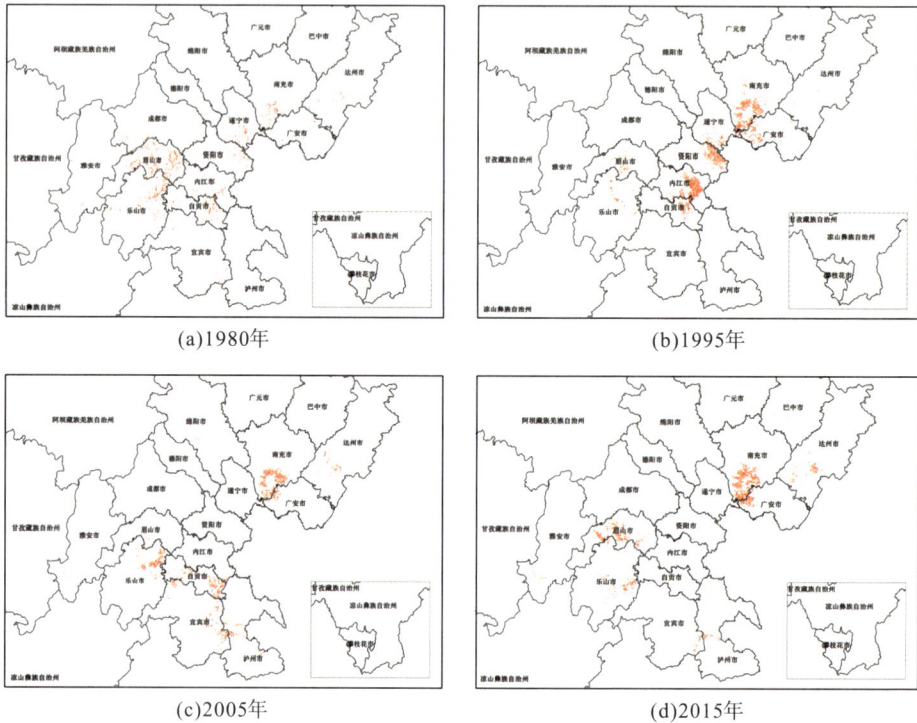

<table>
<tr><td>(a)1980年</td><td>(b)1995年</td></tr>
<tr><td>(c)2005年</td><td>(d)2015年</td></tr>
</table>

图 3-11　1980～2015 年四川省柑橘高适宜区的空间变化

1980～1995 年，高适宜区以空间扩张为主，内江市、南充市、资阳市、广安市扩张明显，高适宜区面积分别增加 4.99 万 ha、4.71 万 ha、2.84 万 ha、1.51 万 ha。1980 年高适宜区零星分散在成都平原区的眉山市，以及川中丘陵区的南充市、遂宁市、资阳市、内江市、自贡市、乐山市。到 1995 年高适宜区空间格局趋于集中，在川中丘陵区的南充—广安、自贡—内江、资阳—遂宁三个组团出现集聚分布。1995～2005 年，高适宜区以空间收缩为主，内江市、资阳市、遂宁市、南充市、广安市高适宜区空间收缩相对明显，尤其是资阳—遂宁—内江组团，高适宜区全部转换为中适宜区。上述地区高适宜区面积分别减少 5.53 万 ha、3.35 万 ha、1.50 万 ha、1.28 万 ha、1.03 万 ha。在川中丘陵区南部，高适宜区出现向南迁移趋势，宜宾市和泸州市出现高适宜区分散分布，形成了自贡—宜宾—泸州组团。2005～2015 年，高适宜区以空间扩张为主，眉山市、南充市、广安市空间扩张较为显著，高适宜区面积分别增加 2.98 万 ha、2.07 万 ha、0.88 万 ha，形成了以南充—广安、眉山为主的空间格局。

3.5　柑橘适宜空间的等级变化特征

为探究四川省柑橘适宜空间变化的具体情况，本书进一步计算了 1980～2015 年四川省柑橘适宜空间的转移矩阵（表 3-6）。在 36 年间，四川省柑橘适宜等级存在升级和降级转换。不适宜区的流出面积为 49.70 万 ha，其中转换为低适宜区的面积为 37.40 万 ha；不适宜区的流入面积为 66.43 万 ha，其中低适宜区流入面积为 49.10 万 ha。这表明不适宜区主要与低适宜区发生双向转化。低适宜区的流入面积为 72.77 万 ha，流入贡献依次是不适宜区、中适宜区、高适宜区，其面积分别为 37.40 万 ha，32.30 万 ha，3.07 万 ha；低适宜区的流出面积为 91.73 万 ha，其中转换为不适宜区的面积为 49.10 万 ha，转换为中适宜区的面积为 41.71 万 ha。这表明低适宜区的双向转换主要发生在不适宜区和中适宜区。中适宜区的流入面积为 61.02 万 ha，流入贡献最多的是低适宜区，其流入面积为 41.71 万 ha，其次是不适宜区，流入面积为 11.12 万 ha；中适宜区的流出面积为 55.32 万 ha，主要转换为低适宜区，转换面积为 32.30 万 ha，其次为不适宜区，转换面积为 15.53 万 ha。这表明中适宜区的双向转换主要发生在低适宜区和不适宜区。高适宜区流入面积为 9.59 万 ha，其中中适宜区流入面积为 7.49 万 ha；高适宜区的流出面积为 13.06 万 ha，其中转换为中适宜区的面积为 8.19 万 ha，流入、流出贡献最多均是中适宜区。这表明高适宜区主要与中适宜区发生双向转换。

表 3-6　1980～2015 年四川省柑橘适宜空间的转移矩阵　　　　　　（单位：万 ha）

1980 年	2015 年				
	不适宜区	低适宜区	中适宜区	高适宜区	总计
不适宜区	4454.97	37.40	11.12	1.18	4504.67
低适宜区	49.10	98.32	41.71	0.92	190.05
中适宜区	15.53	32.30	89.77	7.49	145.09
高适宜区	1.80	3.07	8.19	1.83	14.89
总计	4521.40	171.09	150.79	11.42	4854.70

3.6　小　　结

本章采用 MaxEnt 模型，对影响四川柑橘适宜空间分布的潜在自然环境变量进行筛选，识别主导自然环境变量，并对 1980～2015 年四川柑橘适宜空间动态变化进行研究，主要结果如下。

（1）本章基于最大熵模型构建了四川柑橘适宜空间分布与自然环境变量的关系模型。1980～2015 年四川柑橘适宜空间分布与自然环境变量关系模型的预测准确度非常好。训练数据集的 AUC 值为 0.938～0.944、验证数据集的 AUC 值为 0.907～0.926，模型准确性达到"非常好"的标准（AUC 值＞0.90）。不同时期潜在自然环境变量对柑橘适宜空间分布概率的影响不同，总体来看，影响四川柑橘适宜空间分布的主导自然环境变量有海拔、最热月平均气温、年平均气温、夏季≥38℃持续天数、年均空气湿度、花期日平均气温、坡度、年降水量、气温年较差、≥0℃积温、年日照时数、最冷月平均气温、无霜期、≥10℃积温、pH。土壤环境变量对柑橘适宜空间分布的贡献整体较低。四川柑橘适宜空间分布的主导自然环境变量可以概括为以光、热、水为特征的气候环境变量。

(2) 从时间来看,1980～2015 年四川柑橘适宜空间面积从 164.05 万 ha 降至 160.95 万 ha,累计减少 3.10 万 ha。柑橘适宜空间演化过程呈双峰状波动变化,在 1990 年和 2005 年出现波峰,在 2000 年和 2010 年出现波谷。中适宜区的时序变化情况与适宜空间的基本一致,其面积在波动中减少,2015 年较之 1980 年,中适宜区面积累计减少 6.22 万 ha。高适宜区面积呈现出波动增加态势,2015 年较之 1980 年,高适宜区面积累计增加 3.12 万 ha。

(3) 从空间来看,四川柑橘适宜空间基本保持稳定,主要分布在川中丘陵区、成都平原区,以及与盆周山地区的交接地区,研究期间适宜空间整体呈现收缩趋势,南充市、乐山市、眉山市、泸州市等市的适宜空间总体呈现扩张趋势,资阳市、遂宁市、达州市、内江市、宜宾市、广安市等市的适宜空间总体呈现收缩趋势。在四个时间截面上,局部地区适宜空间的扩张与收缩交替发生。其中,中适宜区空间变化相对较小,与适宜空间的变化基本一致,整体上呈现空间收缩,并表现出"收缩—扩张—收缩"的演化过程。研究期间资阳市、遂宁市、达州市、广安市、内江市、宜宾市等市呈现中适宜区空间收缩,乐山市、眉山市、自贡市、南充市、泸州市等市呈现中适宜区空间扩张。高适宜区整体呈现出空间扩张态势,分布从零星分散向区域集聚转变,并历经"扩张—收缩—扩张"的演化过程,南充市、广安市、达州市高适宜区空间扩张明显,自贡市、内江市、遂宁市高适宜区空间收缩相对明显。

(4) 从等级结构来看,四川柑橘适宜等级变化主要发生在相邻等级之间。不适宜区的流出面积为 49.70 万 ha,流入面积为 66.43 万 ha,不适宜区主要与低适宜区发生双向转化。低适宜区的流入面积为 72.77 万 ha,流出面积为 91.73 万 ha,低适宜区的双向转换主要发生在不适宜区和中适宜区。中适宜区的流入面积为 61.02 万 ha,流出面积为 55.32 万 ha,中适宜区的双向转换主要发生在低适宜区和不适宜区。高适宜区流入面积为 9.59 万 ha,流出面积为 13.06 万 ha,高适宜区主要与中适宜区发生双向转换。

通过本章的研究,还发现以下值得注意的地方。

(1) 生态位模型的基本原理是根据每种生物特殊的生存环境,从目标物种已知分布出发,利用数学模型归纳或模拟其生态位需求,然后将其投射到目标地区[153]。因此,环境变量选取、物种分布采样点等会影响模型的预测能力[154]。①环境变量选取。自然环境对作物自然适宜性的影响十分复杂。本书选取了 26 个自然环境变量,在预测过程中,变量可能包含同样的信息会造成冗余信息的引入,影响预测结果。因此,本书首先通过计算各变量对柑橘适宜空间分布的贡献度,删除贡献度较小的自然环境变量,利用主导自然环境变量重新建模,提高预测结果的准确性。②物种分布采样点。在模拟物种适宜区时,一般以当前位置点作为分布数据变量。因此,在模拟过去或未来物种分布时可能会忽略过去或未来实际分布点的影响,而造成系统误差。本书在柑橘分布采样时,尽量选择种植年限不低于 30 年的柑橘产区,兼顾了柑橘分布的历史性,减少了系统误差。

(2) 已有研究表明柑橘园土壤有机质含量与柑橘产量和果实品质呈正相关,有机质含量应在 2%～3%,氮、磷、钾含量与糖、维生素 C、果实酸度、可溶性固形物含量等相关性强[155,156]。但本章研究发现土壤环境变量对柑橘空间分布的贡献整体较低,尤其是耕层土壤有机质、沙粒含量、全钾对四川柑橘适宜空间分布几乎无影响。分析其原因:①可能是土壤环境变量的空间尺度效应导致,本书中柑橘分布采样点多位于平原和丘陵地区,上述环境变量在该区域存在较明显的同质性，其离散程度较小（表 3-7）；②采样点多为四川柑橘主产区，农户生产管理水平较高，科学合理的柑橘园选址、灌溉施肥等因素，进一步降低了土壤环境变量的空间差异。以上原因使得耕层有机质与肥力等因素对四川柑橘适宜空间分布的相对贡献度为 0，但并不意味着土壤环境变量对柑橘生长发育无影响。

表 3-7　平原丘陵区柑橘采样点土壤环境变量的描述统计

土壤变量	样本量	全距	极小值	极大值	均值	标准差
有机质	184	1891	1352	3243	1930.78	460.109
pH	184	26	54	80	67.81	7.845
全氮	184	91	84	175	120.95	20.697
全磷	184	39	59	98	75.08	9.125
全钾	184	412	1723	2135	1994.09	100.662
黏粒含量	184	37	36	73	50.28	4.220
粉粒含量	184	8	14	22	18.15	1.187
沙粒含量	184	35	11	46	31.79	3.443

（3）适宜区等级标准。传统的农作物适宜区研究或区划研究，其核心在于限制因子及其阈值的确定。众所周知，自然资源系统是极端复杂的，具有内在混沌的特性和时间尺度的非线性反馈。因此，自然环境及组合的变化对作物适宜区的影响变化，在观测、评估或预判上都存在不确定性。可以认为，几乎所有的适宜区划分或评估都是建立在某种程度的不确定性之上。针对这些不确定性，IPCC 基于前四次评估报告中对"不确定性"的处理，在第五次评估报告中将"信度"和"可能性"纳入统一的背景中进行考虑，依靠信度标准和可能性概率标准来表述不确定性的程度。信度标准是根据证据的类型、数量、质量和一致性及达成一致的程度，使用不同的限定词（很低、低、中等、高、很高），以定性方式来表示信度。信度是研究者基于评价证据和一致性，对结果有效性做出的综合判断。可能性概率标准是基于统计分析或专家判断，用概率来量化某项发现的不确定性。它用于表示某一事件或结果发生概率的估值。"IPCC 第五次评估报告主要作者关于采用一致方法处理不确定性的指导说明"中制定了一套对于"可能性"的表述（表 3-8）[157,158]。该"可能性"根据统计分析、模拟分析、专家观点或其他量化分析得到。IPCC 定义不同类别的"可能性"的边界可视为是"模糊"的。如果对某结果的"可能性"表述为"可能"，则表示概率区间是 $66\% \leqslant P \leqslant 100\%$（暗含了模糊边界），这表示所有其他结果是"不可能"（$0 \sim 33\%$ 的概率）。如果证据充分时，可以不使用 IPCC 所规定的术语，应当给出明确的概率区间（如 $90\% \sim 95\%$）。与此同时，IPCC 还提出当有足够证据支撑时，可以根据已认知的潜在后果调整对"可能性"术语的解读。本书借鉴了 IPCC 对"不确定性"的认识，用柑橘存在概率（P）来表示适宜空间，并将 $P<0.3$ 确定为零概率区（不适宜区），$0.3 \leqslant P<0.5$ 确定为低概率区（低适宜区），$0.5 \leqslant P<0.7$ 确定为中概率区（中适宜区），$P \geqslant 0.7$ 确定为高概率区（高适宜区），对柑橘适宜空间进行划分。

表 3-8　IPCC 对"可能性"的量化

术语	结果的可能性/%
几乎确定	概率为 99~100
很可能	概率为 90~100
可能	概率为 66~100
或许可能	概率为 33~66
不可能	概率为 0~33
很不可能	概率为 0~10
几乎不可能	概率为 0~1

第4章 四川柑橘生产空间的演化特征研究

农作物生产空间演变是农作物土地利用优化和种植结构调整的基础[2]，其空间状态反映了农业土地系统内外部驱动因素对农作物生产的影响。柑橘是全球重要的经济作物，我国柑橘种植面积居世界第一，在福建、浙江、四川、湖南、广西等地区广泛分布。四川地处长江上游柑橘优势区，发展柑橘产业具有较大的比较优势，在130个县(市、区)均有栽培，种植面积全国占比约为10.87%，是我国柑橘的主产区之一。2016年，四川柑橘种植面积达28.23万ha，较之2000年，柑橘空间扩张了约13.33万ha，年均空间扩张8331ha[23]。四川柑橘生产空间不但影响国内柑橘供给总量，而且对国内柑橘价格和我国柑橘产业发展具有重要影响。在全球气候变化背景下，四川各地的环境因素及时空差异，已驱动四川柑橘适宜空间发生变化。因此，明晰四川柑橘生产空间的时空演化特征，以及生产空间对适宜空间的响应变化特征，有助于科学判断四川柑橘生产空间的持续扩张过程是否合理响应了适宜空间的变化，也有助于为进一步开展生产空间响应机制研究奠定基础。

目前，在长时间序列县域尺度上综合分析柑橘生产空间变化的研究不多，仅见少数报道。例如，王刘坤和祁春节[32]的研究结果显示，我国柑橘主产区比较优势差异较大，柑橘产业有从东南沿海地区向中西部转移的强劲趋势。张有望和章胜勇[92]的研究结果显示，中三角地区柑橘生产空间布局的变迁主要表现为稳定型、收缩型、波动型和扩张型四种类型，呈现出"东南增""西南减""西北稳定"的变化趋势。徐晗泽宇等[57]的研究结果显示，1990～2016年，赣南地区柑橘果园扩张迅速，主要集中分布在东北部、东南及南部地区；柑橘果园由1990年的零星分布逐渐形成连片化的聚集分布。在已有研究中针对四川柑橘生产空间时空演化特征的研究更少。

因此，本章以县域为研究单元，对四川柑橘生产空间的演化特征进行研究分析。一是运用SPSS工具，采用产业集中度对1980～2015年四川柑橘种植面积的统计数据进行定量分析，掌握柑橘生产空间在时间上的变化特征。二是运用ArcGIS、GeoDa等工具，采用产业重心模型、探索性空间数据分析(exploring spatial data analysis，ESDA)方法，对1980～2015年四川柑橘种植面积的统计数据进行定量分析，掌握柑橘生产空间在空间上的变化特征。三是建立响应指数模型，分析1980～2015年四川柑橘生产空间对适宜空间的响应变化特征。

4.1 研 究 方 法

4.1.1 产业集中度

对于衡量产业集聚,已经发展了很多种计算方法,如赫芬达尔-赫希曼指数(Herfindahl-Hirschman index)、EG 指数(Ellison-Glaesen index)、基尼系数(Gini coefficient)、DO 指数(Duranton-Overman index)等。本书主要从空间集聚的角度,选择空间基尼系数分析 1980~2015 年四川柑橘生产空间的时空特征和变化趋势。

$$\mathrm{Gini} = \frac{1}{2N^2 \bar{X}} \sum_{i=1}^{N} \sum_{j=1}^{N} \left| \frac{X_i}{X} - \frac{X_j}{X} \right| \tag{4-1}$$

式中,Gini 为当年柑橘种植面积的空间基尼系数;N 为县域总数,$N=181$;X_i、X_j 分别为第 i 县域和第 j 县域当年柑橘种植面积;$\bar{X}$ 为当年县域柑橘种植面积占全省柑橘种植面积的比例均值。$0 \leqslant \mathrm{Gini} \leqslant 1$,Gini 值越大,表明柑橘生产空间分布越集中,当 $\mathrm{Gini} \geqslant 0.5$ 时,表明柑橘生产空间高度集聚。为了弥补区位基尼系数的企业规模缺陷[159],辅以地理集中度指标分析柑橘生产空间特征。该指标反映柑橘种植面积最大的前 k 个县域柑橘种植面积占全省柑橘种植面积的比例。

$$\mathrm{CR}_n = \sum_{k=1}^{n} S_k \tag{4-2}$$

式中,CR_n 为柑橘生产空间集中度;S_k 为当年第 k 名柑橘种植面积占全省柑橘种植面积的比例,本书选择 $n=20$。

4.1.2 产业重心模型

借鉴力学重心的概念,引入产业重心模型。产业重心模型指产业在区域空间分布的重心。

$$\begin{cases} \bar{X} = \sum_{i=1}^{n} M_i X_i \Big/ \sum_{i=1}^{n} M_i \\ \bar{Y} = \sum_{i=1}^{n} M_i Y_i \Big/ \sum_{i=1}^{n} M_i \end{cases} \tag{4-3}$$

$$D_{s-k} = c\sqrt{\left(X_s - X_k\right)^2 + \left(Y_s - Y_k\right)^2} \tag{4-4}$$

式中,$\bar{X}$、$\bar{Y}$ 分别为区域某种作物属性重心的经度值和纬度值;X_i、Y_i 分别为地区 i 的重心坐标;M_i 为地区 i 的农作物播种面积;n 为地区数量;D_{s-k} 为从第 k 年到第 s 年作物重心移动距离;c 为常数,是把地理坐标转换为平面坐标的对应值,其值为 111.111;X_s、X_k 分别为第 s 年、第 k 年的纬度坐标;Y_s、Y_k 分别为第 s 年、第 k 年的经度坐标。

4.1.3　探索性空间数据分析

探索性空间数据分析是一系列空间数据分析方法的集合，以空间关联度为核心，突出空间的相互作用，通过对事物或现象空间分布格局的描述与可视化，发现空间集聚和空间异常，已被国内外学者应用于农作物空间变化和集聚状态的研究。采用莫兰指数(Moran's I)检验作为测度变量间空间相互依赖水平的指标，探索空间自相关性及其空间分异规律。通过全局莫兰指数(global Moran's I)分析区域总体的空间关联和空间差异程度。

$$I = n \frac{\sum_{i=1}^{n}\sum_{j=1}^{n} w_{ij}\left(x_i - \overline{x}\right)\left(x_j - \overline{x}\right)}{\sum_{i=1}^{n}\sum_{j=1}^{n} w_{ij} \sum_{i=1}^{n}\left(x_i - \overline{x}\right)^2} \tag{4-5}$$

式中，x_i 和 x_j 分别为变量 x 在相邻空间 i 和 j 的观测值；$\overline{x}$ 为变量平均值；w_{ij} 是二值(0,1)空间权重矩阵，若空间 i 和 j 相邻，则 $w_{ij}=1$，否则 $w_{ij}=0$，通常规定区域 i 与其自身不属于相邻关系；n 为区域个数。I 取值为-1~1，在给定的显著性水平上，$I=0$ 表示观测值随机分布或不存在空间相关；$I>0$ 表示正相关，越趋向 1 表明相似观测值越显著聚集(高值相邻或低值相邻)；$I<0$ 表示负相关，越趋向-1 反映相异观测值越显著聚集(高低值相邻或低高值相邻)。由于全局莫兰指数是总体统计性指标，仅能说明区域观测值总体空间差异情况，无法反映局部区域差异情况。进一步采用热点分析(Getis-Ord Gi*)统计量识别高指标值的聚集点(热点)和低指标值的聚集点(冷点)，反映局部区域差异情况。

$$G_i^*(d) = \frac{\sum_{j=1}^{n} W_{ij}(d) X_j}{\sum_{j=1}^{n} X_j} \tag{4-6}$$

式中，$W_{ij}(d)$ 为 X_i 和 X_j 之间的距离权重；X_i 和 X_j 分别为 i 和 j 区域的观测值；n 为县域数量。$G_i^*(d)$ 采用以下公式进行标准化：

$$Z\left(G_i^*\right) = \frac{G_i^* - E\left(G_i^*\right)}{\sqrt{\operatorname{Var}\left(G_i^*\right)}} \tag{4-7}$$

式中，$E\left(G_i^*\right)$ 为 G_i^* 的数学期望；$\operatorname{Var}\left(G_i^*\right)$ 为 G_i^* 的变异系数。如果 $Z\left(G_i^*\right)$ 为正且显著，表明位置 i 周边有较高指标值存在，属于热点区；如果 $Z\left(G_i^*\right)$ 为负且显著，表明位置 i 周边有较低指标值存在，属于冷点区。

4.1.4　响应指数模型

本书通过建立响应指数模型，对 1980~2015 年四川柑橘生产空间对适宜空间的响应变化展开研究。利用四川柑橘种植面积和适宜空间面积计算得到响应指数(response index，RI)。将 1980~2015 年四川柑橘适宜空间分布的主导自然环境变量的累年平均值导入

MaxEnt 模型，计算得到四川柑橘累年适宜空间，具体方法见 3.1 节。同时，将不适宜区和低适宜区划定为不适宜区，中适宜区和高适宜区划定为适宜区。具体公式为

$$RI = \begin{cases} 0 & Area_p = Area_s = 0 \\ \dfrac{Area_p}{Area_s} & Area_p < Area_s \\ \dfrac{Area_s - Area_p}{Area_p} & Area_p > Area_s \end{cases} \times 100 \qquad (4\text{-}8)$$

式中，RI 为柑橘种植面积对适宜空间的响应指数，其取值为[-100，100]；$Area_p$ 为某县域某年的柑橘种植面积；$Area_s$ 为某县域的柑橘适宜空间面积。计算过程中采取数据整体平移 1 个单位避免分母为 0 的情况，并做出如下定义：当 RI=0 时，即柑橘种植面积和适宜空间面积均为 0，称为"零响应"，表示没有柑橘分布；当 RI>0 时，即柑橘种植面积小于适宜空间面积，称为"正响应"；当 RI<0 时，即柑橘种植面积大于适宜空间面积，称为"负响应"。并以 50 为间隔进行响应程度划定，具体划分如下：

$$\begin{cases} -100 \leqslant RI < -50 & 强负响应 \\ -50 \leqslant RI < 0 & 弱负响应 \\ 0 & 零响应 \\ 0 < RI \leqslant 50 & 弱正响应 \\ 50 < RI \leqslant 100 & 强正响应 \end{cases}$$

4.2　柑橘生产空间的时序特征

4.2.1　柑橘生产空间的统计特征

采用 SPSS 19.0 软件对四川省柑橘种植面积进行描述统计，结合区位基尼系数和地理集中度，分析柑橘生产空间的时序特征（表 4-1）。1980～2015 年，四川柑橘种植面积快速增加，从 1980 年的 3.55 万 ha 增长到 1995 年的 14.02 万 ha，1995～2000 年保持平稳，随后稳步增加到 2015 年的 27.84 万 ha。1980～2015 年，四川柑橘生产空间整体呈现快速扩张态势，年均扩张 6.06%，空间扩张速度经历了"快—慢—快"三个阶段。20 世纪 60 年代，在以粮为纲的政策背景下，柑橘作为副业发展较为缓慢。20 世纪 70 年代以后，随着生活水平的提高，加之家庭联产承包责任制的激励，柑橘生产经营放开，经济效益逐步提高，空间扩张开始提速。1980～1985 年，四川柑橘生产空间扩张速度最快，年均增长率达到 16.81%，其后种植面积继续增加，但扩张速度逐渐降低，并在 2000 年跌至 0.18%的最低点。在 2005 年又迅速提高至 7.61%，随后逐步回落至 2015 年的 1.93%。1980～2015 年，区位基尼系数均不低于 0.5，四川柑橘空间分布整体表现出高度集聚，且集聚态势稳步提高，区位基尼系数从 0.705（1980 年）下降至 0.700（1985 年），其后逐步增加到 0.767（2015 年）。地理集中度的变化特征与区位基尼系数一致。四川省柑橘种植面积前 20 名的占比由 54.75%（1980 年）小幅度降至 54.13%（1985 年）后，逐步增大至 64.02%（2015 年）。

表 4-1　1980～2015 年四川柑橘生产空间的时序特征

年份	合计/万 ha	5 年平均增速/%	区位基尼系数	地理集中度/%
1980	3.55	—	0.705	54.75
1985	7.72	16.81	0.700	54.13
1990	11.85	8.95	0.703	54.54
1995	14.02	3.42	0.705	54.75
2000	14.15	0.18	0.714	53.84
2005	20.42	7.61	0.749	60.24
2010	25.30	4.38	0.760	62.59
2015	27.84	1.93	0.767	64.02

4.2.2　新增柑橘空间的时序变化

1980～2015 年，四川县域新增柑橘种植面积总计 24.29 万 ha。根据时序特征，可划分为快速扩张期(1980～1995 年)、强烈振荡期(1995～2005 年)和扩张恢复期(2005～2015年)三个阶段。1980～1995 年，四川省累计新增柑橘面积 10.47 万 ha，县域新增柑橘种植面积的中位数为 40.98～88.27ha(表 4-2)，均值为 119.67～230.37ha，变异系数为 1.57～1.69，各指标差异变化区间较小。这表明受改革开放政策正向激励，在步入市场经济后，为促进农村经济发展、农民增收，县域层面具有发展比较效益较高产业的内在积极性。此阶段，柑橘种植面积增加在县域层次具有普遍性，柑橘空间呈现快速扩张趋势。1995～2005年，由于我国南方其他柑橘产区市场占有率提高，以及四川柑橘产业受交通运输制约，四川柑橘外销受阻[160]，严重影响果农的柑橘生产积极性。1995～2000 年，新增柑橘种植面积 0.13 万 ha，县域新增柑橘种植面积中位数为 0，表明大部分县域柑橘空间扩张几乎停滞。2000～2005 年，新增柑橘种植面积达到最大值 6.27 万 ha，有的县域柑橘种植面积新增达到 13177.15ha，全距同步达到最大值 17695.36ha，县域柑橘空间普遍收缩与局部地区的持续扩张同时发生，意味着四川柑橘生产空间进入调整阶段。2005～2015 年，受价格上涨利好，以及四川盆地黄龙病和溃疡病发生率较低，四川柑橘空间扩张加速，中位数恢复至 8.05～8.25ha，全距稳定在 8395.82～9042.36ha。

表 4-2　四川省县域新增柑橘种植面积的统计特征

时期	合计/万 ha	最大值/ha	全距/ha	均值/ha	中位值/ha	标准差	变异系数
1980～1985 年	4.17	1686.35	1686.35	230.37	88.27	361.24	1.57
1985～1990 年	4.13	1847.70	1847.70	228.53	79.05	376.97	1.65
1990～1995 年	2.17	1212.32	1212.32	119.67	40.98	202.07	1.69
1995～2000 年	0.13	3080.00	7261.87	7.55	0	593.02	78.58
2000～2005 年	6.27	13177.15	17695.36	346.15	0.00	1560.93	4.51
2005～2010 年	4.88	6938.85	9042.36	269.64	8.25	970.87	3.60
2010～2015 年	2.54	6522.12	8395.82	140.35	8.05	634.77	4.52

4.3　柑橘生产空间的分异特征

4.3.1　柑橘空间变化特征

　　采用 ArcGIS 软件对三个阶段四川省县域新增柑橘种植面积进行统一分类，分析不同阶段柑橘生产空间的地域差异(图 4-1)。1980~1995 年，四川柑橘生产空间呈现出整体性扩张，县域新增柑橘种植面积具有普遍性，151 个县域新增柑橘种植面积，空间扩张在川中丘陵区较为明显，新增面积大于等于 500ha 的县域有 52 个，其中乐至县、渠县、眉山市东坡区新增面积大于等于 4000ha。1995~2005 年，四川省柑橘生产空间出现显著振荡，空间扩张与收缩现象较为普遍，且在川中丘陵地区表现得较为强烈。全省 82 个县域柑橘种植面积出现减少，减少 0~500ha 的有 75 个县域，乐至县、富顺县、内江市东兴区、邛崃市 4 个县域减少面积大于等于 1000ha。71 个县域柑橘种植面积出现增长，59 个县域新增柑橘种植面积为 0~2000ha，荣县、仁寿县、资中县、安岳县新增柑橘种植面积大于等于 4000ha。2005~2015 年，四川柑橘生产空间扩张恢复。105 个县域柑橘空间扩张，其中南充市高坪区、石棉县、青神县、丹棱县、泸州市纳溪区、南部县、江安县、眉山市东坡区、资阳市雁江区、安岳县柑橘空间扩张较为显著，新增柑橘种植面积大于等于 2000ha。44 个县域柑橘空间出现收缩，其中盐亭县、阆中市、泸州市江阳区空间收缩较大，柑橘种植面积减少大于等于 1000ha。

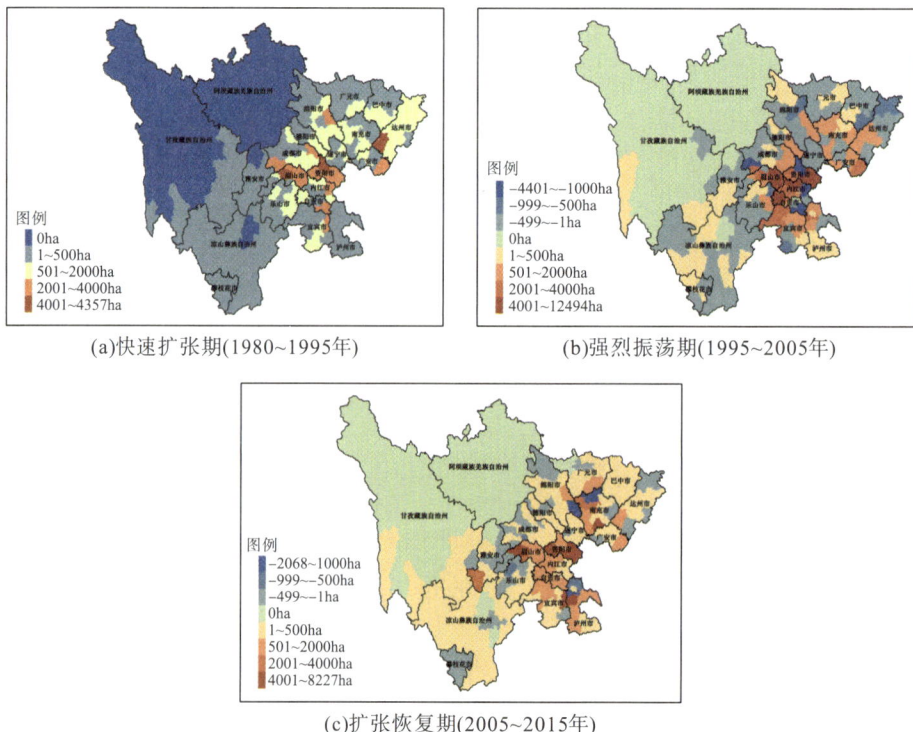

(a)快速扩张期(1980~1995年)

(b)强烈振荡期(1995~2005年)

(c)扩张恢复期(2005~2015年)

图 4-1　不同时期四川省新增柑橘种植面积空间分布

4.3.2　柑橘生产重心迁移

从产业重心迁移来看(图 4-2)，1980~2015 年，四川柑橘生产空间重心迁移距离较短，重心总计移动 31.27km，迁移速度为 0.92km/a(表 4-3)。1980~2000 年，柑橘重心落在资阳市乐至县，在东经 105.04°~105.07°、北纬 30.23°~30.26°的区域内徘徊。自 2000 年起，重心向四川西南方向迁移。2005~2015 年，重心迁移至资阳市雁江区，处于东经 105.00°~105.03°，北纬 30.04°~30.11°。从迁移速度来看，重心迁移呈"慢—快—慢"的变化特征，1980~1995 年重心移动速度较慢，平均速度为 0.08~0.15km/a，累积迁移距离为 1.32km；1995~2005 年，重心移动速度加快，累积迁移距离为 19.18km；移动速度在 2000~2005 年最快，达到 3.55km/a。2005~2015 年，重心移动速度回落至 1.02~1.68km/a，累积迁移距离为 10.77km。

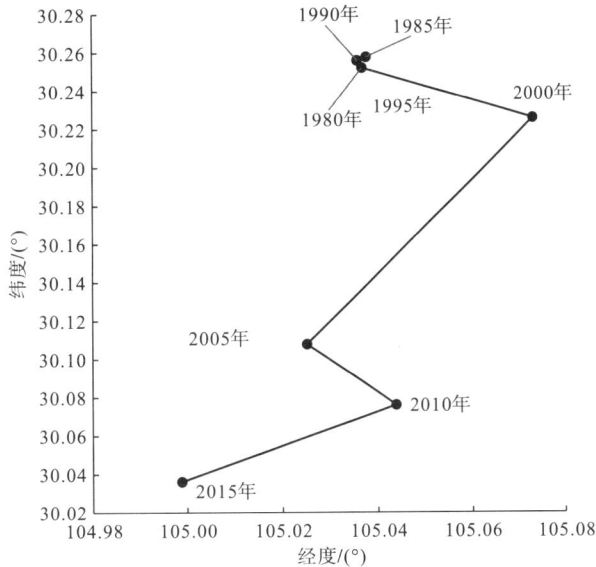

图 4-2　1980~2015 年四川省柑橘生产空间重心迁移图

注：图中 1980 年与 1995 年重心重合

表 4-3　1980~2015 年四川省柑橘生产空间重心变化

时序阶段	所处县域	迁移距离/km	迁移速度/(km/a)
1980~1985 年	乐至县	0.61	0.15
1985~1990 年	乐至县	0.33	0.08
1990~1995 年	乐至县	0.38	0.10
1995~2000 年	乐至县	5.00	1.25
2000~2005 年	雁江区	14.18	3.55
2005~2010 年	雁江区	4.06	1.02
2010~2015 年	雁江区	6.71	1.68
1980~2015 年	雁江区	31.27	0.92

注：所处县域表示时序阶段末期重心地处县域。

4.3.3 生产空间关联变化

为了进一步研究四川省柑橘生产空间的变化，利用 GeoDa 空间统计工具对 1980～2015 年四川柑橘种植面积 8 个截面数据进行空间分析，结果见表 4-4。P 值均为正值且小于 0.01，1980～2005 年全局莫兰指数稳定在 0.746～0.773，说明四川省相邻县域的柑橘种植面积之间存在相互影响，存在着高值区与高值区相邻、低值区与低值区相邻的情况，柑橘空间分布在县域尺度上不具有随机性，而是具有显著的正向空间自相关特征，呈现显著的地理集聚现象。本书以 1980 年、1995 年、2005 年和 2015 年为时间节点，计算了四川省柑橘空间的 Getis-Ord Gi* 指数，并以 Z 值及其对应 P 值划分为冷点区、次冷点区、一般区、次热点区、热点区五类(图 4-3)。受自然条件制约，川西地区属于高山高原高寒气候区，不适宜柑橘生长。因此，四川省柑橘生产空间具有"西冷东热"的空间结构。冷点区、次冷点区主要分布在川西高原区、攀西山地区，且在 1980～2015 年逐步收缩。热点区、次热点区主要集中连片分布在川中丘陵区、成都平原区、盆周山地区。随着时间推移，热点区逐步从盆周山地区收缩，并向成都平原区、川中丘陵区集中。

表 4-4   1980～2015 年四川省柑橘种植面积全局莫兰指数变化

类别	1980 年	1985 年	1990 年	1995 年	2000 年	2005 年	2010 年	2015 年
全局莫兰指数	0.754	0.766	0.771	0.773	0.746	0.750	0.760	0.753
Z 值	16.089	16.322	16.427	16.459	16.285	16.098	16.273	16.019
P 值	0.001	0.001	0.001	0.001	0.001	0.001	0.001	0.001

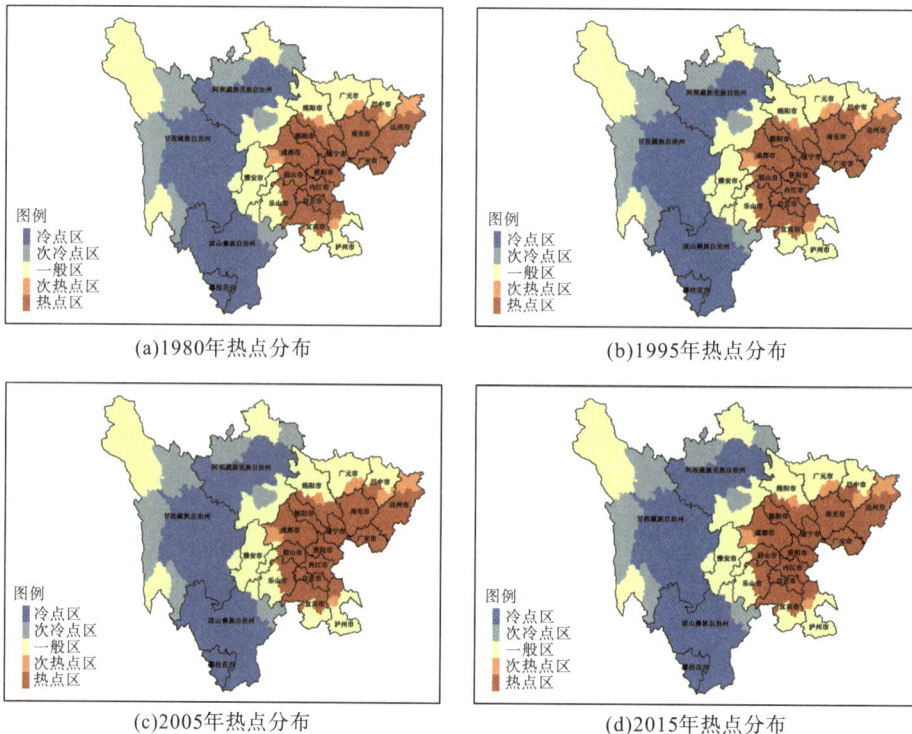

(a)1980年热点分布

(b)1995年热点分布

(c)2005年热点分布

(d)2015年热点分布

图 4-3   1980～2015 年四川柑橘生产空间热点分布

4.4 柑橘生产空间对适宜空间的响应变化

4.4.1 响应指数的时序变化

图 4-4 为 1980～2015 年四川柑橘生产空间对适宜空间的响应变化,总体上响应指数 RI 值为 0～50,RI 值逐步提高,响应指数变化趋势与种植面积相似。响应指数从 1980 年的 2.22,快速增长到 1995 年的 8.76,经历 1995～2000 年短暂的停滞后,在 2000～2005 年出现快速跃升,2005 年增加至 12.76,2005～2015 年响应指数呈现稳步增加状态,至 2015 年达到 17.40,1980～2015 年年均增长率为 6.06%。从总体上看,四川柑橘生产空间对适宜空间为弱正响应,且柑橘种植布局到适宜区的比例逐年提高。

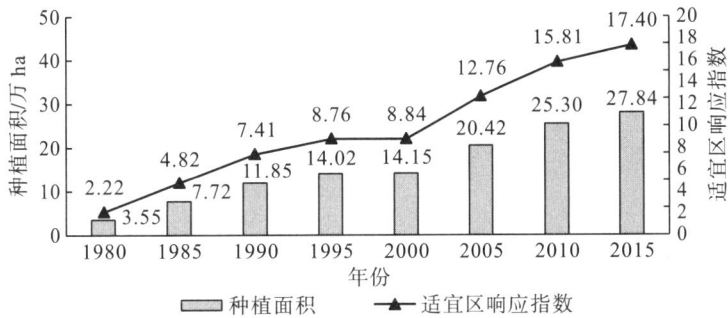

(a)柑橘生产空间对适宜区的响应变化

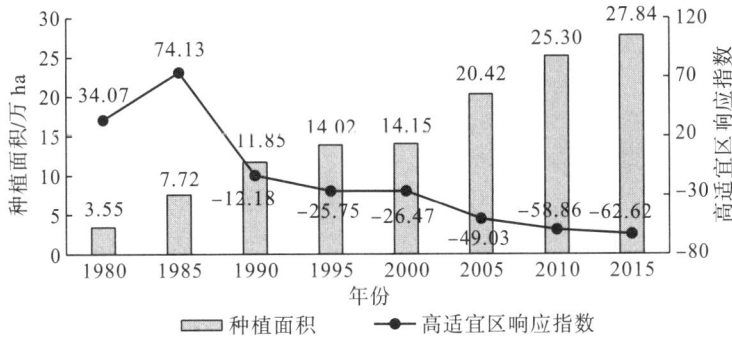

(b)柑橘生产空间对高适宜区的响应变化

图 4-4 柑橘生产空间对适宜空间的响应变化

进一步分析高适宜区的响应指数发现,尽管柑橘适宜区的响应指数逐步提高,但是高适宜区的响应指数呈现出先上升然后持续下降的变化趋势,表明柑橘生产空间存在向中适宜区,甚至不适宜区布局的情况。1980～1985 年,高适宜区响应指数从 34.07 增加至 74.13;其后持续下降至 2015 年的-62.62;随着柑橘生产空间的持续扩张,响应状态从 1980 年的弱正响应转变为 1985 年的强正响应。1985～1990 年出现了正负响应状态转换,1990～2005 年,响应状态转变为弱负响应。2005～2015 年，柑橘生产空间已达到强负响应状态。

4.4.2　响应指数的空间变化

图 4-5 展示了四川省县域尺度柑橘生产空间对适宜空间的响应变化，整体来看川西北地区均为零响应，盆周山地区的县域多为强负响应。在对适宜区的响应下，川中丘陵区的县域多为弱正响应，而对高适宜区的响应下，川中丘陵区的县域大部为强负响应。具体来看，1980～2015 年四川柑橘生产空间对适宜空间的响应变化较小，以强负响应和弱正响应为主，强负响应的县域从 57 个增加到 60 个；弱负响应的县域从 7 个增加至 10 个；零响应的县域从 29 个增加至 35 个；弱正响应的县域从 85 个减少到 67 个，变化最大；强正响应的县域从 3 个增加至 9 个。对比 1980 年、2015 年两个时间截面，有 35 个县域发生响应类型变化，其中转变为零响应的以成都平原区经济发达的县域为主，包括锦江区、青羊区、金牛区、成华区，此外还涉及平武县、丹巴县、布拖县。转变为强负响应的有 9 个，分别为成都市双流区、中江县、北川羌族自治县(简称北川)县、仪陇县、宣汉县、康定市、九龙县、巴塘县、稻城县，大部分处于盆周山地区或川西北河谷地区。转变为弱负响应的有 10 个县域，分别为成都市温江区、成都市新津区、蒲江县、攀枝花市东区、泸州市纳溪区、南部县、宜宾市翠屏区、屏山县、汉源县、石棉县；转变为强正响应的有 9 个县域，分别为邛崃市、合江县、乐山市金口河区、彭山区、丹棱县、江安县、邻水县、宁南县、雷波县。

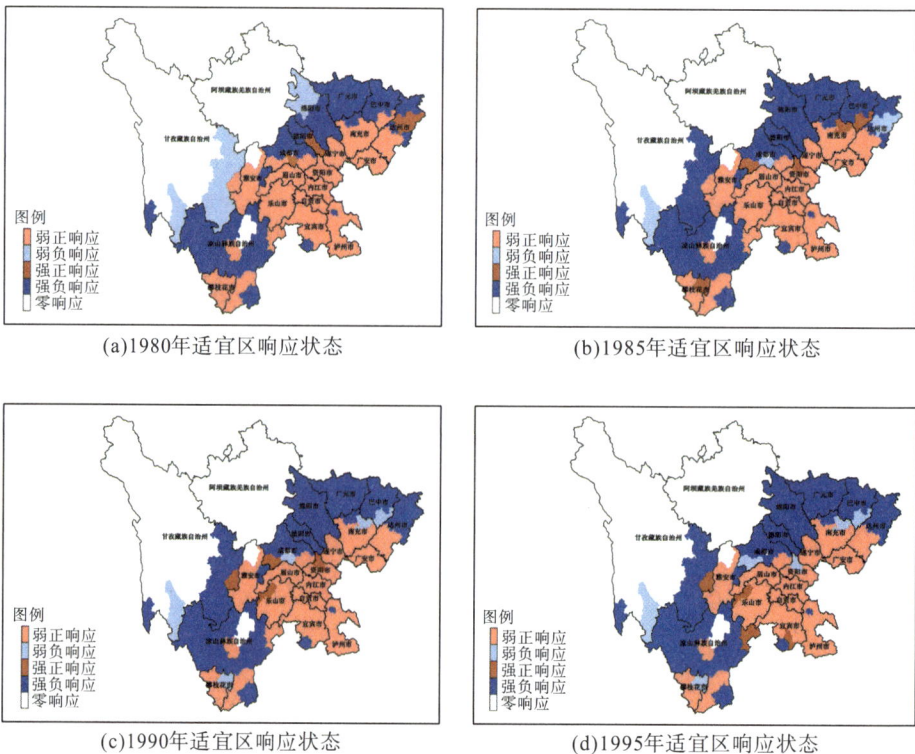

(a)1980年适宜区响应状态

(b)1985年适宜区响应状态

(c)1990年适宜区响应状态

(d)1995年适宜区响应状态

(e)2000年适宜区响应状态　　　　　　　　　(f)2005年适宜区响应状态

(g)2010年适宜区响应状态　　　　　　　　　(h)2015年适宜区响应状态

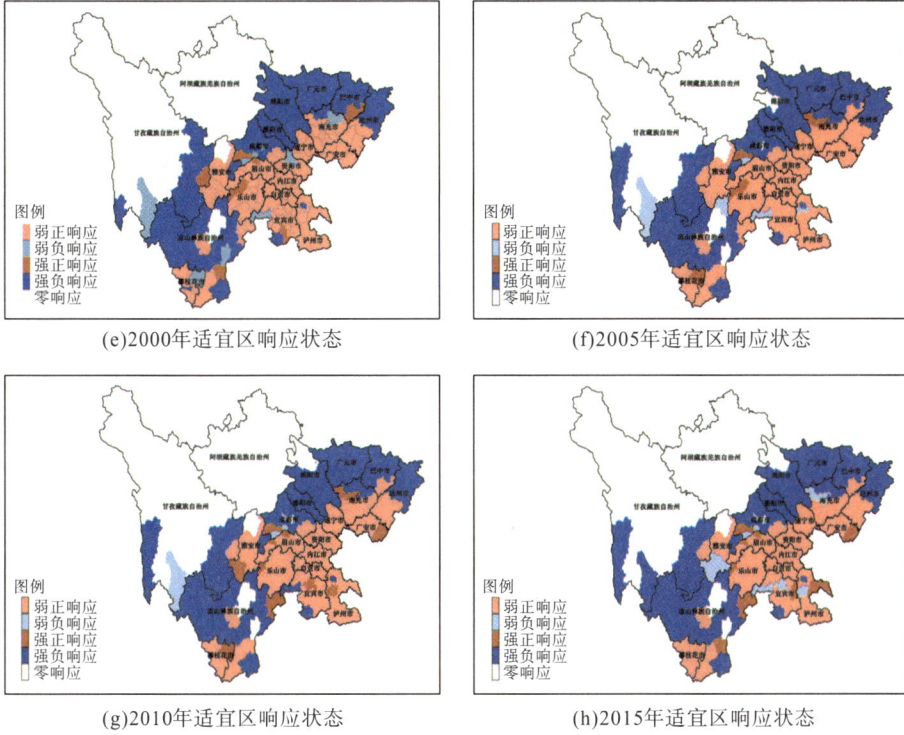

图 4-5　四川省县域尺度柑橘生产空间对适宜空间的响应变化

　　进一步对比分析四川省县域尺度柑橘生产空间对高适宜空间的响应变化发现(图 4-6)，四川柑橘生产空间与高适宜区的状态向负响应转换的趋势加大。1980~2015 年，高适宜区响应状态为强负响应的县域从 92 个增加到 111 个，弱负响应的县域从 11 个增加至 16 个，零响应的县域从 30 个增加至 36 个，弱正响应的县域从 39 个减少至 12 个，强正响应的县域从 9 个减少至 6 个。对比 1980 年和 2015 年，转变为负响应状态的县域有 42 个，其中强负响应状态的 26 个，弱负响应状态的 16 个。仅有自贡市大安区、荣县、南充市高坪区、沐川县、洪雅县 5 个县域转换为强正响应状态。这意味着 36 年间，随着柑橘生产空间扩张，生产空间对高适宜空间的响应状态出现失衡，生产空间存在向中适宜区甚至不适宜区转移的情况。

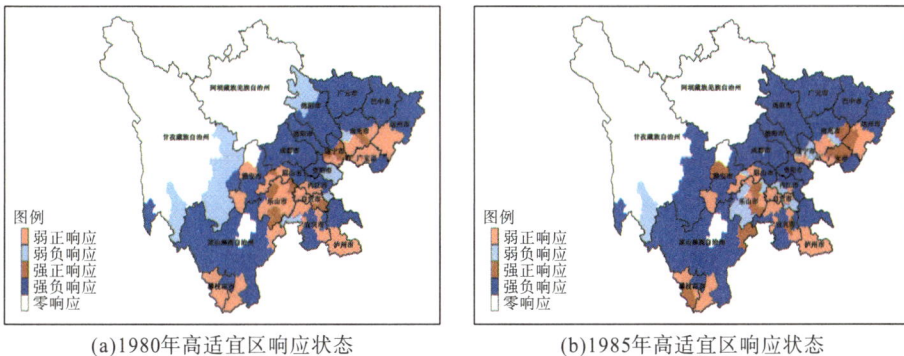

(a)1980年高适宜区响应状态　　　　　　　　　(b)1985年高适宜区响应状态

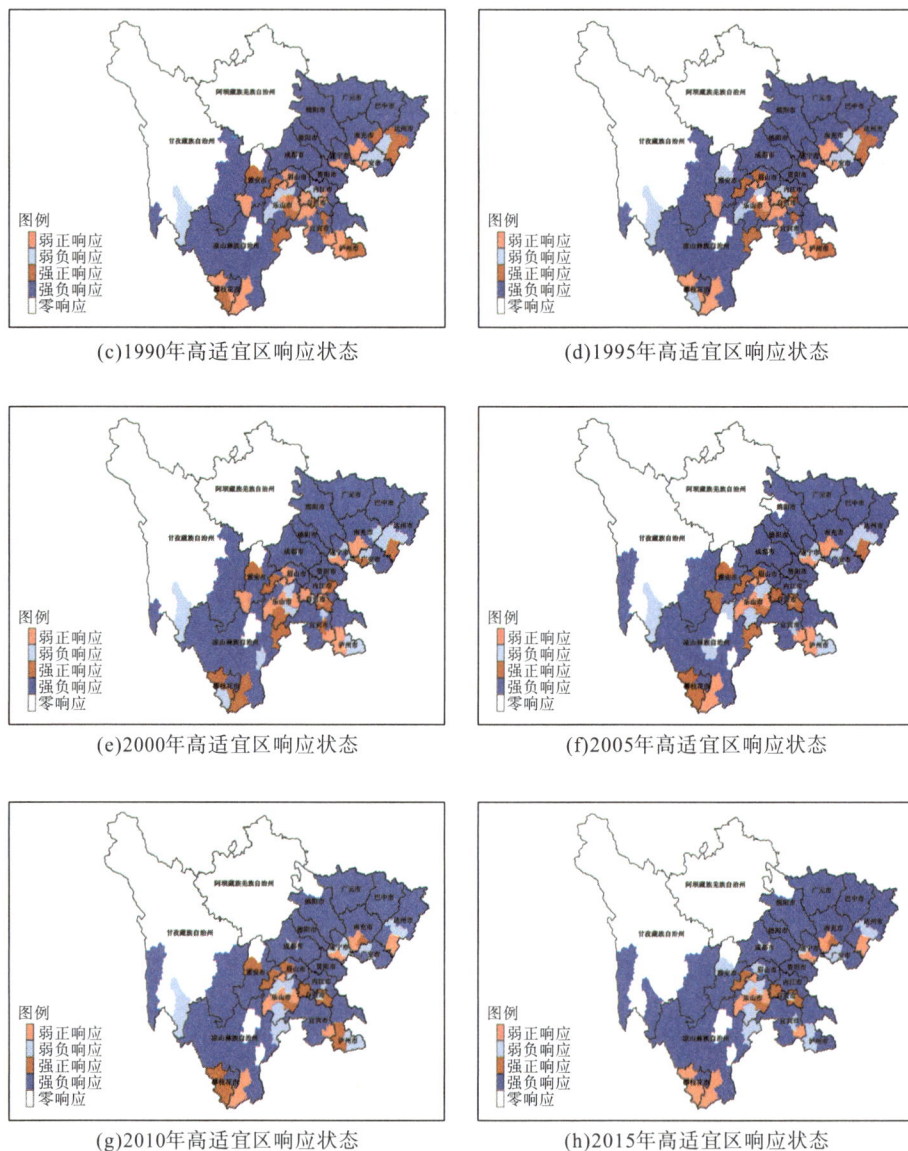

(c)1990年高适宜区响应状态   (d)1995年高适宜区响应状态

(e)2000年高适宜区响应状态   (f)2005年高适宜区响应状态

(g)2010年高适宜区响应状态   (h)2015年高适宜区响应状态

图 4-6   四川省县域尺度柑橘生产空间对高适宜空间的响应变化

4.4.3   柑橘生产空间调控方向

从 2015 年四川省柑橘生产空间对适宜空间的响应变化来看(表 4-5)，2015 年四川省柑橘实际种植面积达到 278408ha，虽然柑橘种植面积总量依然远远低于适宜区面积，但是已远远超过了高适宜区面积，柑橘生产空间已经存在向中适宜区甚至不适宜区转移的情况。从转移量来看，相较于适宜区，绵阳市、成都市、广元市、德阳市转移量较大，分别为 8363ha、7003ha、4925ha、1761ha。此外凉山州、攀枝花市也转移了 462ha、272ha。因此，在上述市(州)应该严格控制柑橘生产空间扩张，逐步调减已有柑橘种植面积。相较于高适宜区,仅南充市、乐山市、广安市尚有空间扩张潜力,其扩张面积依次为43229ha、7487ha、1995ha,上述市(州)可结合实际适度增加种植面积。

表 4-5　2015 年四川省柑橘生产空间对适宜空间的响应变化　　　　　　　　　　　(单位:ha)

市(州)	种植面积	高适宜区	空间潜力-高适宜区	适宜区	空间潜力-适宜区
阿坝州	0	0	0	0	0
巴中市	3232	300	-2932	8400	5168
成都市	18403	0	-18403	11400	-7003
达州市	17252	13300	-3952	79800	62548
德阳市	4961	0	-4961	3200	-1761
甘孜州	99	0	-99	100	1
广安市	14405	16400	1995	127700	113295
广元市	4925	0	-4925	0	-4925
乐山市	8613	16100	7487	185200	176587
凉山州	2262	400	-1862	1800	-462
泸州市	12840	4800	-8040	75100	62260
眉山市	47032	32800	-14232	206500	159468
绵阳市	9063	0	-9063	700	-8363
南充市	22971	66200	43229	210200	187229
内江市	21789	0	-21789	197800	176011
攀枝花市	272	0	-272	0	-272
遂宁市	2400	300	-2100	87000	84600
雅安市	3321	1300	-2021	3900	579
宜宾市	29528	2900	-26628	102300	72772
资阳市	43609	0	-43609	134400	90791
自贡市	11431	0	-11431	174000	162569
合　计	278408	154800	-123608	1609500	1331092

4.5　小　　结

本章利用SPSS软件和GeoDa工具,对四川长时间序列的柑橘种植面积进行描述统计,分析 1980~2015 年四川柑橘生产空间在时间和空间上的变化特征,主要研究结果如下。

(1)在时序变化上,1980~2015 年四川柑橘生产空间呈现扩张态势,空间扩张速度经历了"减—增—减"三个阶段。柑橘种植面积从 1980 年的 3.55 万 ha 快速增加到 2015 年的 27.84 万 ha。快—慢—快区位基尼系数从 0.705 增长到 0.767,地理集中度从 54.75%增长到 64.02%,空间分布表现出高度集聚,且集聚程度不断提高。根据 1980~2015 年四川省新增柑橘空间的时序变化,四川柑橘生产空间扩张大致可划分为快速扩张期(1980~1995 年)、强烈振荡期(1995~2005 年)和扩张恢复期(2005~2015 年)三个阶段。

（2）在空间变化上，快速扩张期（1980～1995 年），受改革开放政策和市场经济发展激励，四川柑橘生产空间呈现出整体性扩张，151 个县域新增柑橘种植面积。在强烈振荡期（1995～2005 年），受南方地区柑橘产区竞争、交通运输制约的影响，四川柑橘生产空间扩张与收缩现象较为普遍，且在川中丘陵地区表现较为强烈。在扩张恢复期（2005～2015 年），105 个县域柑橘空间扩张，44 个县域柑橘空间出现收缩。1980～2015 年柑橘生产空间全局莫兰指数均大于 0，柑橘生产空间分布在县域尺度上具有显著的地理集聚特征，呈现出"西冷东热"的空间结构。热点区、次热点区主要集中连片分布在川中丘陵区、成都平原区、盆周山地区，且随着时间推移，热点区逐步从盆周山地区收缩，并向成都平原区、川中丘陵区集中。1980～2015 年，四川柑橘生产空间重心迁移距离较短，重心总计移动 31.27km，平均移动速度为 0.92km/a。重心迁移呈"慢—快—慢"的变化特征，自 2000 年起，重心持续向四川省西南方向迁移，并从乐至县迁移至资阳市雁江区。

（3）在响应变化上，1980～2015 年四川柑橘生产空间对适宜空间的响应指数从 2.22 增加至 17.40，总体上看，研究期间柑橘生产空间的响应状态为弱正响应。但是对高适宜空间的响应指数在 1985～1990 年出现了正负响应转换，从 1980 年的 34.07 减小至 2015 年的-62.62，柑橘生产空间对高适宜空间的响应状态已进入强负响应，表明柑橘生产空间存在向中适宜区甚至不适宜区布局的情况。在对适宜区的响应方面，柑橘生产空间以强负响应和弱正响应为主，其中强负响应主要分布在盆周山地区和成都平原区，弱正响应主要分布在川中丘陵区。在对高适宜空间的响应方面，柑橘生产空间以强负响应为主，大量分布在盆周山地区、成都平原区和川中丘陵区。正响应状态的县域仅为 18 个。

第5章　四川柑橘生产空间分异的影响因素研究

农作物空间是自然因素和人文因素共同作用的产物。首先，农业是典型的自然资源依赖型行业，自然环境是农作物空间最为重要的影响因素。一般来说，自然环境的变化具有相对稳定性，短期内变化较小，对农作物空间影响稳定。但是，在市场经济条件下，随着社会经济、科学技术的发展，生产要素、市场消费、人口与经济增长、区位改变等人文因素的变化传导至农业土地系统，不断弱化自然禀赋对农作物空间的影响，且对农作物空间产生了越来越强的影响[92]。

从前述研究中发现，四川柑橘生产空间呈现扩张态势，空间分布表现为高度集聚且集聚程度不断提高，呈现出"西冷东热"的空间分布。总体上，研究期四川柑橘生产空间对适宜空间的响应状态处于弱正响应，且对高适宜空间的响应已进入强负响应状态，四川柑橘生产空间存在向中适宜区甚至不适宜区布局的情况。前述研究虽然明晰了四川柑橘生产空间的时空演化及对适宜空间的响应变化，但难以很好地解释柑橘生产空间变化的过程机制，究竟是什么因素影响着变化过程并不清晰。针对这一问题，已有研究大多从自然或人文单一角度分析，难以完整理解和分析农作物空间动态变化的影响因素，必须综合"自然-人文"因素开展研究，才能真实反映农作物空间变化的内在原因。

地理探测器可通过探测地理现象的空间分层异质性，揭示其背后的影响因素，刻画自变量对因变量空间分布的解释能力。同时还能够探测两两变量之间多种类型、真实发生的交互作用方式和影响，而非仅限于计量经济学预先设定的乘性交互作用类型[161,162]。因此，本章重点对柑橘生产空间分异的影响因素展开研究，将2015年四川省柑橘种植面积作为因变量，将自然环境、社会经济环境等因子作为自变量，借助地理探测器方法对四川柑橘生产空间进行单因子及多因子两个层面的定量归因，进而揭示四川柑橘生产空间变化的主要影响因素。

5.1　研究方法与数据

5.1.1　地理探测器

王劲峰等[164]基于统计学的空间方差分析原理开发了地理探测器模型。该模型是探测要素的空间分异性，以及揭示其背后解释力的一组统计学方法，已广泛应用于自然和社会科学等领域。该模型能客观检验地理现象与其潜在因素之间的关系，从风险探测、因子探测、生态探测和交互探测四个部分揭示地理环境要素对被解释因子的影响力[163,164]。该方法无线性假设，具有优雅的形式和明确的物理含义，基本思想是假设研究区分为若干子区域，如果子区域的方差之和小于区域总方差，则存在空间分异性；如果两变量的空间分布趋于一致，则两者存在统计关联性。本书使用其中两个模块：因子探测和交互探测[163,165-167]。

利用因子探测检验四川柑橘生产空间分异影响因素的决定力大小。因子探测的核心思想是比较某一因素和地理事物的变化在空间上是否具有显著的一致性，可判断该因素对地理事物的发生和发展是否具有决定作用，同时进一步探测出该因素在多大程度上解释了地理事物的空间异质性。因子探测用 q 值作为刻画某因子 X 对柑橘空间分异的解释度量。q 值区间为[0, 1]，当 $q=1$ 时，表明柑橘空间分异完全由探测因素决定；当 $q=0$ 时，表明探测因素与生产空间无关。

$$q = 1 - \frac{\sum\limits_{h=1}^{L} N_h \sigma_h^2}{N \sigma^2} \tag{5-1}$$

式中，$h = 1, \cdots, L$，为变量 Y 或因子 X 的分层(strata)；N_h 和 N 分别为层 h 和全区的单元数；σ_h^2 和 σ^2 分别是层 h 和全区的 Y 值的方差。

利用交互探测识别不同影响因素间是否存在交互作用。交互探测是地理探测器相较于其他统计方法的最大优势。通过比较任意两个影响因素独立作用时的 q 值，即 $q(X_1)$ 和 $q(X_2)$，以及与双因子共同作用的 q 值，即 $q(X_1 \cap X_2)$，可识别双影响因子对因变量的共同作用情况(协同、拮抗或相互独立)，交互作用类型如图 5-1 所示。该方法对于相互作用的假设不限于传统统计学方法，而是只要有交互作用就能被检测出来。

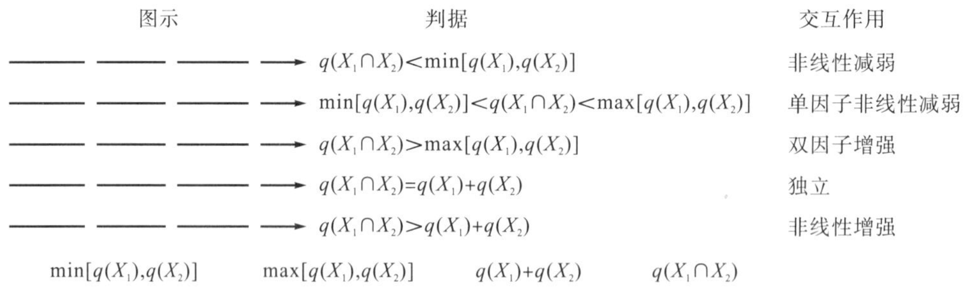

图示	判据	交互作用
⟶	$q(X_1 \cap X_2) < \min[q(X_1), q(X_2)]$	非线性减弱
⟶	$\min[q(X_1), q(X_2)] < q(X_1 \cap X_2) < \max[q(X_1), q(X_2)]$	单因子非线性减弱
⟶	$q(X_1 \cap X_2) > \max[q(X_1), q(X_2)]$	双因子增强
⟶	$q(X_1 \cap X_2) = q(X_1) + q(X_2)$	独立
⟶	$q(X_1 \cap X_2) > q(X_1) + q(X_2)$	非线性增强

$\min[q(X_1), q(X_2)] \qquad \max[q(X_1), q(X_2)] \qquad q(X_1) + q(X_2) \qquad q(X_1 \cap X_2)$

图 5-1　不同因素交互作用的类型

研究区域行政区边界为面矢量数据，首先利用 ArcGIS 10.2 软件将四川省的行政区划以 10km×10km 格点化，同时去除栅格数据以外的点，共计 4852 个格点。然后将每个格点所在位置的自变量及因变量信息提取出来作为输入数据。地理探测器擅长分析类型量，对于顺序量、间隔量、比值量，只要进行适当的离散化也可以进行统计分析[166,168,169]。利用 ArcGIS 10.2 软件中的自然断点分级法，将探测变量进行离散化处理。同时，将 2015 年四川省柑橘种植面积与主要影响因素进行空间耦合匹配。

5.1.2　数据来源

1. 自然环境变量

不同时期自然环境变量对四川柑橘生产空间影响不同。前述章节已经对 26 个潜在自然环境变量进行了分析评价（表 3-4），本章选择其中贡献均值大于等于 1% 的 15 个变量作为对柑橘空间分布影响较大的自然环境变量，即海拔、最热月平均气温、年平均气温、夏季≥38℃持续天数、年均空气湿度、花期日平均气温、坡度、年降水量、气温年较差、≥0℃积温、年日照时数、最冷月平均气温、无霜期、≥10℃积温、pH。15 个变量的累计贡献率为 93.76%。

2. 潜在人文变量

考虑到数据可获取性，本章从生产因素、经济因素、市场因素、社会因素四个方面，选择了 13 个影响四川柑橘生产空间变化的潜在人文变量（表 5-1）。从土地来说，以县为单位，将县域柑橘种植面积与县域农用地面积的比值定义为土地投入强度，反映该地区柑橘种植的土地投入指标，也可以间接反映农户种植柑橘的意愿[47,170]。农田水利设施是农业生产的基础，化肥、农药投入的提高是影响农作物规模不断扩大的重要原因，选择化肥施用强度、农药施用强度、有效灌溉面积作为综合反映农业生产投入对四川柑橘生产空间的影响因素[47,170-172]。随着我国城镇化进程不断加快，大量农村劳动力涌入城市，这势必对具有劳动密集型特征的柑橘生产带来冲击[107,173]。但与此同时，城镇化发展又将增加城镇

表 5-1　影响四川柑橘空间的潜在人文变量

类型	潜在人文变量	因子意义
生产因素	土地投入强度	反映地区柑橘种植的土地投入指标，也可间接反映当地农户种植柑橘的意愿
	劳动力投入强度	反映农村劳动力状况，评价地区柑橘产业用工保障
	化肥施用强度	化肥投入是影响柑橘生产的重要原因
	农药施用强度	农药投入能抑制病虫害发生，提高柑橘产量
	有效灌溉面积	衡量农业生产单位和地区的水利化程度和农业生产稳定程度
经济因素	城市化水平	反映外部的驱动力。城市化水平提高，将吸纳大量劳动力
	经济反哺能力	反映地方对农业的支持能力
	粮食保障	影响农户分配有限土地资源进行柑橘种植的决策行为
	比较效益	种植柑橘与其他作物的比较效益，及种植柑橘的机会成本
市场因素	路网密度	交通条件的改善，加快柑橘运输，缩短流通时间
	消费水平	城镇居民可支配收入增加，能提高居民消费的意愿和能力
社会因素	技术进步	农业技术创新和推广加速，新品种和新技术的应用对柑橘生产具有激励作用
	制度政策	国家或地区的农业政策会直接影响到柑橘种植

居民可支配收入，提升居民消费的意愿和能力，增强县域社会经济对农业的反哺能力，这些因素变化最终会传导至农业生产，并在农作物空间上得到反映[174-177]。因此选取经济反哺能力、城市化水平、消费水平等因素作为影响四川柑橘生产空间的经济社会因素。2008年四川省农业厅制定出台的《四川省优势柑橘产业发展规划(2008—2012)》中指出，设立省级柑橘优势产业带专项资金，并在 51 个县域进行产业扶持。因此引入制度政策虚拟变量，51 个县域为 1，其余为 0。各变量的计算方法见表 5-2。

表 5-2 潜在人文变量的计算方法

潜在人文变量	单位	计算方法	参考文献
土地投入强度	%	柑橘种植面积÷农用地面积	杨万江等[47]；倪印锋等[170]
劳动力投入强度	人	农村劳动力×(柑橘种植面积÷农用地面积)	刘天军等[12]；杨万江等[47]
化肥施用强度	t	化肥施用量×(柑橘种植面积÷农用地面积)	杨万江等[47]；倪印锋等[170]
农药施用强度	t	农药施用量×(柑橘种植面积÷农用地面积)	赵聪佳等[171]；李思勉等[172]
有效灌溉面积	ha	有效灌溉面积×(柑橘种植面积÷农用地面积)	刘天军等[12]；杨万江等[47]
城市化水平	%	(总人口数−乡村人口数)÷总人口数	潘竟虎等[107]；蔡 荣等[173]
经济反哺能力	%	二、三产业产值÷总产值	杨万江等[47]；陆文聪等[174]
粮食保障	kg/人	粮食产量÷总人口	白秀广等[82]；倪印锋等[170]
比较效益	—	柑橘每亩净利润÷主要粮食作物每亩净利润	倪印锋等[170]；张聪颖等[179]
路网密度	km/km²	公路里程÷区域面积	陈 欢等[48]；张聪颖等[179]
消费水平	元	城镇居民可支配收入	高雪萍等[176]；董启锦[177]
技术进步	t/ha	柑橘产量÷柑橘种植面积	郝晓燕等[90]；耿献辉等[93]
制度政策	—	虚拟变量，实施扶持政策的为 1，反之为 0	倪印锋等[170]；张聪颖等[179]

3. 变量共线性诊断

由于变量数量较多，首先进行变量多重共线性诊断，发现方差膨胀因子(variance inflation factor，VIF)均值大于 10，需要通过降维来消除因素的共线性影响。其中≥0℃积温、≥10℃积温、花期日平均气温、年平均气温、最冷月平均气温的容忍度小于 0.1，且方差扩大因子大于 10。在皮尔逊(Pearson)相关性检验中，≥0℃积温、≥10℃积温、花期日平均气温、年平均气温、最冷月平均气温的相关系数也均大于 0.9，且年平均气温相关系数最大，因此保留年平均气温，剔除其余 4 个变量。柑橘种植面积与比较效益的皮尔逊相关性不显著，剔除比较效益变量。在计算劳动力投入强度、化肥施用强度、农药施用强度、有效灌溉面积时已经考虑了土地投入强度，因此剔除土地投入强度。最终选择海拔、化肥施用强度、有效灌溉面积、劳动力投入强度、年平均气温、年日照时数、气温年较差、坡度、年均空气湿度、农药施用强度、经济反哺能力、消费水平、无霜期、城市化水平、夏季≥38℃持续天数、路网密度、粮食保障、pH、年降水量、最热月平均气温、技术进步、制度政策 22 个变量。22 个变量的容忍度大于 0.1，且方差扩大因子小于 10(VIF 均值为 8.06)。22 个变量对四川柑橘生产空间的影响的决定系数 R^2=0.948，调整后的 R^2=0.947，$F(22, 1105)$=906.97。

5.2　地理探测器的单因子探测分析

5.2.1　总体结果

国内学者研究认为农作物空间演化具有独特性，主要体现在农作物的自然禀赋约束、农业生产惯性及社会经济影响等。基于演化经济地理视角的演化机制框架分析，农作物空间演变从最初的自然驱动，逐步转向"自然-社会"驱动[14,178]。受自然环境约束，农作物一般在适宜区开始生产实践，并向其他适宜区扩张形成自然驱动。其后形成特定的生产习惯，生产者不断增加管理成本、时间成本、基础设施建设投入，学习先进技术，产生路径依赖，从而使得地区生产空间演变转为"自然-社会"驱动。各变量 q 值的计算结果很好地印证了这一假设(表 5-3)。从省域尺度来看，在 22 个变量对四川柑橘生产空间分异现象的解释中，生产因素的 q 值较大(0.681～0.891)，表明生产因素对四川柑橘生产空间分异

表 5-3　影响因子解释力(q 值)探测结果

类型	因子	代码	全省	川中丘陵区	成都平原区	盆周山地区	攀西山地区
地形土壤因素	海拔	X_1	0.286*	0.000	0.275*	0.336*	0.003
	坡度	X_2	0.322*	0.024*	0.276*	0.477*	0.185*
	pH	X_3	0.143*	0.031*	0.337*	0.103*	0.035*
气候因素	年平均气温	X_4	0.207*	0.001	0.093*	0.249*	0.069
	年降水量	X_5	0.134*	0.062*	0.222*	0.210*	0.333*
	气温年较差	X_6	0.064*	0.128*	0.039	0.046*	0.128*
	最热月平均气温	X_7	0.230*	0.003	0.100*	0.224*	0.012
	年均空气湿度	X_8	0.234*	0.046*	0.102*	0.106*	0.097*
	无霜期	X_9	0.182*	0.002	0.006	0.248*	0.205*
	夏季≥38℃持续天数	X_{10}	0.198*	0.061*	0.434*	0.267*	0.001
	年日照时数	X_{11}	0.234*	0.065*	0.026	0.142*	0.281*
生产因素	劳动力投入强度	X_{12}	0.891*	0.855*	0.945*	0.808*	0.001
	化肥施用强度	X_{13}	0.681*	0.661*	0.662*	0.290*	0.001
	农药施用强度	X_{14}	0.762*	0.702*	0.933*	0.524*	0.001
	有效灌溉面积	X_{15}	0.857*	0.829*	0.905*	0.622*	0.001
经济因素	粮食保障	X_{16}	0.151*	0.077*	0.142*	0.134*	0.875*
	城市化水平	X_{17}	0.021*	0.070*	0.327*	0.084*	0.114*
	经济反哺能力	X_{18}	0.039*	0.080*	0.273*	0.153*	0.130*
市场因素	路网密度	X_{19}	0.233*	0.011	0.102	0.266*	0.051*
	消费水平	X_{20}	0.075*	0.159*	0.074	0.070*	0.633*
社会因素	制度政策	X_{21}	0.236*	0.021*	0.358*	0.383*	0.022*
	技术进步	X_{22}	0.141*	0.096*	0.068*	0.259*	0.150*

注：*代表 $P<0.01$，即在 0.01 水平上显著相关；由于川西高原区柑橘分布很少或没有分布，因此不对该区进行因子探测。

具有强烈的影响。气候因素与地形土壤因素次之，其 q 值为 0.064～0.322。社会与经济因素的影响力较弱，其 q 值为 0.021～0.236。四川柑橘生产空间分异表现出以生产因素为主，自然因素为辅的"自然-社会"驱动特征。

5.2.2　地形土壤因素

从全省来看，地形土壤因素的 q 值依次为坡度（0.322）＞海拔（0.286）＞pH（0.143），且 $p<0.01$（表 5-3），表明地形土壤因素对四川柑橘生产空间分异存在影响，且坡度对柑橘生产空间分异的解释较强，是主要的地形因子。从区域来看，各因子的解释力与全省并不一样。坡度、pH 对川中丘陵区的 q 值在 0.01 水平上显著，但影响力较小。海拔 q 值不显著，意味着海拔不是影响柑橘在川中丘陵区分布的主要因素。成都平原区地形土壤因素解释力下降，海拔的 q 值降至 0.275，坡度的 q 值降至 0.276，pH 的 q 值升至 0.337，远高于全省水平，在成都平原区对柑橘空间分布的影响更大。盆周山地区海拔、坡度对柑橘生产空间的 q 值相对全省分别提高到 0.336、0.477，而 pH 降至 0.103。攀西山地区是柑橘低空间分布区，因此地形土壤因素的解释力均较小。

5.2.3　气候因素

从全省来看，气候因素整体解释力弱于地形土壤因素，q 值由大到小依次为年均空气湿度（0.234）＝年日照时数（0.234）＞最热月平均气温（0.230）＞年平均气温（0.207）＞夏季 ≥38℃持续天数（0.198）＞无霜期（0.182）＞年降水量（0.134）＞气温年较差（0.064）（表 5-3）。这表明在气候要素中年日照时数、年均空气湿度、最热月平均气温、年平均气温更具有解释四川柑橘生产空间分异的能力。从区域来看，各因子的解释力与全省并不一样。川中丘陵区气候因子（除气温年较差）的 q 值均小于 0.1，意味着气候因素在川中丘陵区对柑橘空间分布的影响较小。在成都平原区夏季 ≥38℃持续天数的 q 值升至 0.434，年降水量 q 值升至 0.222，说明夏季高温和水分的变化是影响柑橘在成都平原区分布的主要气候因素。盆周山地区年平均气温、年降水量、无霜期、最热月平均气温、夏季 ≥38℃持续天数的 q 值均大于 0.2，较全省 q 值增加，其解释力较强。年日照时数 q 值降至 0.142，解释力较全省减弱。

5.2.4　生产因素

从全省来看，生产因素的 q 值依次为劳动力投入强度（0.891）＞有效灌溉面积（0.857）＞农药施用强度（0.762）＞化肥施用强度（0.681）（表 5-3），生产因素对柑橘生产空间分异有着强烈影响。川中丘陵区、成都平原区作为柑橘高、中适宜空间分布集中地区，其柑橘生产从业人员均值为 4545.98～12954.53 人，柑橘的有效灌溉面积均值为 508～796ha，化肥施用强度均值为 526.62～706.41t，农药施用强度均值为 7.27～21.19t，各生产因素显著高于其他地区。作为典型地区的眉山市、资阳市，其从事柑橘种植的劳动力分别为 11.49 万人、13.34 万人，柑橘灌溉面积分别为 10964ha、9604ha；用于柑橘生产的化肥和农药用量也均位居全省前列。该 4 个因子的空间分布特征与柑橘生产空间匹配程度也较高,其中劳动力投入强度的匹配程度为 77.47%、有效灌溉面积为 86.59%、化肥施用强度为 67.80%、农药施用强度为 67.10%。

从区域来看,成都平原区劳动力投入强度、有效灌溉面积、农药施用强度的 q 值分别为 0.945、0.905、0.933,均高于全省水平,意味着劳动力、水利灌溉、病虫害是成都平原柑橘生产空间分布的重要影响因素。川中丘陵区各生产因素对柑橘生产空间分异的解释力略低于全省水平。盆周山地区劳动力投入强度具有显著解释力,其 q 值为 0.808,而化肥施用强度、农药施用强度和有效灌溉面积的 q 值均显著减小,其对柑橘生产空间分异的解释降低。攀西山地区是柑橘低/零空间分布区,其配套要素投入水平为 0,因此该地区生产因素均不对柑橘生产空间产生影响。

5.2.5　经济因素

从全省来看,在经济因素中粮食保障的 q 值相对较高,为 0.151,意味着在省域层面,对有限土地资源的分配上,粮食生产行为对柑橘生产空间分异存在影响。城市化水平、经济反哺能力的 q 值分别为 0.021、0.039(表 5-3),表明城市化水平、经济反哺能力的空间差异对柑橘生产空间分异的影响极其有限。从区域层面看,川中丘陵区经济因素对柑橘生产空间分异均存在影响,但粮食保障的解释力下降,其 q 值降至 0.077。而城市化水平、经济反哺能力的解释力增强,其 q 值分别增至 0.070、0.080。成都平原区经济因素的解释力上升,粮食保障、经济反哺能力的 q 值分别增至 0.142、0.273,尤其是城市化水平的解释力显著增加到 0.327。在盆周山地区城市化水平的 q 值为 0.084,解释力较弱,但是经济反哺能力对柑橘生产空间分异的影响增加。

5.2.6　市场因素

从全省来看,市场因素中路网密度的 q 值相对较高,为 0.233(表 5-3)。路网密度提高改善了柑橘运输条件,通过流通时间减少对柑橘生产空间的影响[179]。消费水平反映居民的柑橘消费意愿,其 q 值仅为 0.075,对柑橘生产空间分异的影响较弱。从区域层面来看,成都平原区市场因素对柑橘生产空间的分异解释较弱,其 q 值均未达到显著水平。川中丘陵区消费水平对柑橘生产空间分异存在影响,其 q 值为 0.159,路网密度不显著($P>0.01$)。盆周山地区路网密度的 q 值增加,达到 0.266,消费水平影响较弱,其 q 值仅为 0.070。

5.2.7　社会因素

从全省来看,社会因素中制度政策的 q 值为 0.236、技术进步的 q 值为 0.141(表 5-3),表明政策激励对柑橘生产空间分异的解释相对较强。柑橘生产空间分布与制度政策的空间匹配度也达到 71.28%。2008 年四川省农业厅制定出台的《四川省优势柑橘产业发展规划(2008—2012)》,显示出较强的促进作用。从区域来看,川中丘陵区制度政策和技术进步的影响较弱，其 q 值分别为 0.021、0.096；成都平原区制度政策表现出较强解释力，其 q 值达到 0.358；盆周山地区制度政策和技术进步的影响力较全省水平和其他地区均有增加，其 q 值分别为 0.383、0.259。

5.3　地理探测器的交互作用分析

四川柑橘生产空间分异是由多种影响因素共同作用的结果，不存在单一因素对柑橘空间的分布和变化产生影响。借助地理探测器的交互作用探测获得 2015 年 X_1～X_{22} 影响因子对柑橘生产空间分异的交互作用（表 5-4）。表 5-4 中的数值代表 2 个因子共同作用对四川柑橘生产空间分异的解释力。结果显示，与单因子的解释力相比，所有探测因子在相互作用后，对柑橘生产空间分异特征的影响均存在协同增强的作用，且所有影响因子的效果均非独立存在。影响因素对柑橘生产空间分异的交互作用大部分是双因子增强（162 对），其次是非线性增强（69 对），不存在相互独立起作用的因素。其交互作用后，因子解释力较大的仍然是劳动力投入强度（X_{12}）、化肥施用强度（X_{13}）、农药施用强度（X_{14}）、有效灌溉面积（X_{15}），这 4 个因素与其他因素的交互影响力为 0.681～0.967，且交互作用多为双因子增强，表明生产因素在叠加自然因素、市场因素和社会因素后会强化对四川柑橘生产空间分异的影响。值得注意的是，虽然城市化水平（X_{17}）、经济反哺能力（X_{18}）、消费水平（X_{20}）作为单因子对柑橘空间分异的解释力较低，q 值分别为 0.021、0.039、0.075。但是，它们在与地形土壤、气候、生产等因素交互作用下，往往对柑橘生产空间变化具有更强的解释力，且这种变化表现出非线性增强。

5.4　小　　结

本章以柑橘生产空间为研究对象，运用地理探测器对四川柑橘生产空间分异的影响因素进行研究，揭示对柑橘生产空间分异产生影响的主导"自然-人文"因素，得出的主要结论如下。

（1）在单因子层面，22 个主要变量中，劳动力投入强度、化肥施用强度、农药施用强度、有效灌溉面积 4 个生产因素对柑橘生产空间分异的解释力最强，其 q 值均大于 0.6；其次是坡度、海拔、年均空气湿度、年日照时数等 8 个影响因素，其 q 值为 0.207～0.322。消费水平、经济反哺能力、城市化水平等 10 个影响因素的解释力偏弱，其 q 值均小于 0.2。从变量类型来看，生产因素是四川柑橘生产空间分异的关键影响因素。地形土壤、气候等自然因素次之，是重要影响因素。市场、社会、经济因素的影响力较弱。四川柑橘生产空间分异表现出以生产因素为主，自然因素为辅的"自然-社会"驱动特征。

（2）在多因子交互作用层面，四川柑橘生产空间分异是由多种影响因素共同作用的结果，各影响因素对柑橘生产空间分异的交互作用主要表现为双因子增强，其次是非线性增强，不存在相互独立起作用的因素。以劳动力投入强度、化肥施用强度、农药施用强度、

表 5-4　因子交互作用对四川柑橘生产空间分布的影响

	X_1	X_2	X_3	X_4	X_5	X_6	X_7	X_8	X_9	X_{10}	X_{11}	X_{12}	X_{13}	X_{14}	X_{15}	X_{16}	X_{17}	X_{18}	X_{19}	X_{20}	X_{21}	X_{22}
X_1	0.286																					
X_2	0.34	0.322																				
X_3	0.302	0.328	C.143																			
X_4	0.291	0.339	C.253	0.207																		
X_5	0.327	0.393	C.269	0.25	0.134																	
X_6	0.34	0.367	0.249*	0.280*	0.347*	0.064																
X_7	0.289	0.34	0.268	0.242	0.269	0.277	0.23															
X_8	0.321	0.364	0.306	0.283	0.292	0.296	0.291	0.234														
X_9	0.288	0.342	0.238	0.221	0.214	0.249*	0.237	0.273	0.182													
X_{10}	0.307	0.353	0.277	0.265	0.337*	0.329*	0.254	0.32	0.234	0.198												
X_{11}	0.321	0.361	0.317	0.281	0.322	0.279	0.286	0.268	0.258	0.321	0.234											
X_{12}	0.892	0.893	0.967	0.892	0.915	0.898	0.892	0.896	0.892	0.912	0.899	0.891										
X_{13}	0.689	0.694	0.74	0.688	0.82	0.72	0.688	0.733	0.689	0.819	0.726	0.911	0.681									
X_{14}	0.77	0.768	0.802	0.767	0.819	0.795	0.768	0.78	0.768	0.859	0.799	0.905	0.816	0.762								
X_{15}	0.863	0.866	0.944	0.862	0.898	0.875	0.863	0.866	0.864	0.916	0.87	0.909	0.923	0.901	0.857							
X_{16}	0.337	0.412	0.304*	0.269	0.346*	0.310*	0.283	0.351	0.245	0.29	0.346	0.907	0.762	0.817	0.894	0.151						
X_{17}	0.334*	0.385*	0.237*	0.271*	0.270*	0.102*	0.279*	0.289*	0.247*	0.277*	0.299*	0.929*	0.835*	0.802*	0.921*	0.205*	0.021					
X_{18}	0.315*	0.405*	0.227*	0.242	0.216*	0.217*	0.26	0.311*	0.214*	0.309*	0.356*	0.924	0.716	0.801*	0.932*	0.205*	0.100*	0.039				
X_{19}	0.289	0.352	0.289	0.262	0.355	0.314*	0.259	0.299	0.239	0.359	0.3	0.901	0.795	0.786	0.894	0.309	0.339*	0.293*	0.233			
X_{20}	0.391*	0.435*	0.317*	0.345*	0.342*	0.139*	0.361*	0.311*	0.350*	0.355*	0.370*	0.898	0.795*	0.846*	0.873	0.441*	0.108*	0.366*	0.399*	0.075		
X_{21}	0.351	0.376	0.31	0.301	0.316	0.303	0.324	0.304	0.282	0.317	0.318	0.905	0.757	0.773	0.888	0.33	0.322*	0.291*	0.376*	0.329	0.236	
X_{22}	0.351	0.39	0.293*	0.274	0.274	0.327*	0.298	0.311	0.243	0.340*	0.313	0.904	0.696	0.803	0.89	0.310*	0.252*	0.260*	0.389*	0.35	0.34	0.141

注：*为非线性增强；其余为双因子增强。

有效灌溉面积为特征的生产因素的交互作用 q 值较大，生产因素在叠加自然因素、市场因素和社会因素后强化了对四川柑橘生产空间分异的影响。城市化水平、经济反哺能力、消费水平与其他因素的交互作用大多为非线性增强，表明经济发展可以大幅度增强其他因素对柑橘生产空间分异的影响。

此外，研究发现自然环境对柑橘的生理特征影响很大，使其最初只能布局在生态适宜区内。但随着柑橘生产区域化、专业化、市场化进程的加快，自然环境已经无法完全解释柑橘生产空间的变化，影响因素日趋复杂，成为自然、经济、市场、社会等多种因素共同交互作用的结果。根据各种因素作用于四川柑橘生产空间的特征，可以将其划分为内在因素和外在因素。其中，内在因素是指短期内不易发生较大变化，不受人为支配的因素，对生产空间变化的影响呈渐进性，主要为自然因素；外在因素是指受社会意识的支配，可以人为地发生改变并在短期内能实现这种变化的因素，对生产空间变化的影响呈突变性，主要包括市场因素、经济因素和社会因素[92]。

在相关文献中，城镇化、工业化等外部因素会对农作物空间变化产生重要作用，地区间的工业化和城镇化进程不同、产业与区域经济发展水平差异等因素带来的产业间、地区间比较收益差距拉大，进而引发农作物生产空间发生重大改变[47,180-182]。在本书中城市化水平、经济反哺能力、消费水平作为单因子对柑橘生产空间分异的解释力较低。这可能是由于人类活动、经济发展、社会进步所带来的外部因素改变并不直接影响柑橘生产空间分异，而是通过与地形土壤、气候、生产要素等的交互作用，推动产业结构调整、市场环境优化，以及政策制度完善，挖掘地区自然资源禀赋优势和潜力，间接地对柑橘生产空间变化产生影响作用。

地理探测器模型是研究要素空间分异的重要方法，为研究空间分异的影响因素、探究驱动机制提供了重要技术支撑。多种地理探测分析可以甄别影响农作物空间分异的主导因素。但本书发现地理探测器在识别主导影响因素的正负效应，以及在多大程度上解释驱动作用上稍显不足。此外，地理探测器还存在时间尺度的局限性，在考虑自变量时为时间截面变量，而非时间序列数据，不能完整揭示影响因素对空间分异的时间变化。下一步可以扩展时间尺度，结合空间面板计量模型，进一步揭示农作物空间变化的驱动机制，预测未来发展趋势，进而完善农作物生产空间调控、国土空间规划和农业土地系统优化。

第6章 四川柑橘生产空间变化的 响应机制研究

农作物生产空间变化的响应机制研究是采用定性或定量的方法,剖析农作物空间从一种状态转变到另一种状态的内外部原因,确定不同自然、社会影响因素对这种变化的作用机制。不少学者从实证角度开展了农作物生产空间演化的响应机制研究,对驱动生产空间演化的原因做出了解释。然而已有研究在探讨演化原因方面,要么采用理论辨析,定性说明影响其变化的原因,要么采用普通的计量模型分析,这些研究均是在忽视空间溢出效应的假设前提下解释空间变化的原因,从而导致研究结论缺乏完整性、系统性[174]。前述章节对四川柑橘生产空间影响因素的研究,发现地理探测器能有效识别生产空间变化及其响应变化的主导影响因素,但是未能解析出主导影响因素的正负效应及其在多大程度上驱动生产空间的响应变化。同时在进行影响因素分析时,只考虑了影响因素的时间截面变量,而非时间序列数据,没能完整揭示影响因素对生产空间的响应机制。

农作物空间变化的研究数据大多具有空间属性,存在着空间相关性,基于空间计量经济学的空间面板模型,不仅考虑了空间相关性,还将时间依赖性和空间溢出效应纳入其中,从而使得分析结果更具有解释力[183]。为此,本章构建时间序列和个体序列的面板数据,选取空间面板计量模型,进一步对 1980~2015 年四川柑橘生产空间演化的响应机制进行实证分析。首先在影响因素研究的基础上提出理论假设;其次考虑空间溢出效应,在计量经济理论的基础上构建柑橘生产空间面板模型;最后应用县域有关数据,定量解析柑橘生产空间对"自然-人文"影响因素的响应机制。

6.1 研 究 假 设

农业是典型的自然资源依赖型行业,农作物空间受"自然-人文"因素共同作用,不同影响因素、不同时间对其有着不同的驱动力。农作物生产空间具有独特性,主要体现在资源环境约束、农业生产习惯、微观农户行为等。本书基于已有研究成果[14,178],以及演化经济地理视角的演化机制分析框架,将柑橘空间理解为农业地域系统在特定时空截面下呈现出的格局状态。其空间响应(状态)受到人口、资源、土地、农产品市场、区位交通、科技政策等因素的交互作用。柑橘生产空间响应从最初的自然驱动,将逐步转向"自然-人文"驱动。

6.2 空间面板模型构建

6.2.1 模型构建

空间计量模型有三种表达方式，分别为空间误差模型(spatial error model，SEM)、空间滞后模型(spatial lag model，SLM)和空间杜宾模型(spatial Dubin model，SDM)。其中，SDM 是空间回归分析的起点，截面 SDM 延伸至面板数据模型后表达式如下：

$$Y_i = \rho WY_i + \alpha_i L_N + X_i \beta + WX_i \theta + \varepsilon \tag{6-1}$$

式中，Y_i 为因变量向量；X_i 为解释变量向量；W 为空间权矩阵；α_i 为常数项；N 为参数项向量；$\alpha_i L_N$ 为常数项和；ρ 为空间自回归系数；β、θ 为待估计参数；ε 为残差项；$X_i \beta$ 为区域内解释变量对被解释变量的影响；ρWY_i 为空间滞后项，用于衡量邻近地区被解释变量对本地区被解释变量的影响；$WX_i \theta$ 反映了邻近地区解释变量对本地区被解释变量的空间影响。

当 θ =0 时，SDM 退化为 SLM，不能体现解释变量的交互影响，SLM 的具体形式为

$$Y_i = \rho WY_i + \alpha_i L_N + X_i \beta + \varepsilon \tag{6-2}$$

当 $\theta + \rho \beta$ =0 时，SDM 退化为 SEM，此时空间影响存在于扰动误差项中，具体表达式如下：

$$Y_i = X_i \beta + \varepsilon, \quad \varepsilon = \lambda W \varepsilon + \mu \tag{6-3}$$

6.2.2 指标选取

本章选取的 22 个变量指标见表 5-3。考虑到四川柑橘生产空间分布的现实，模型计算时将 1980~2015 年川西高原区、攀西山地区和部分盆周山地区没有柑橘分布和分布很少的 40 个县(市、区)剔除，保留 141 个县级行政单位进行模型计算。对 22 个变量中的 11 个自然环境变量用 ArcGIS 的 Spatial Analyst 工具中的分区统计计算县域均值，剩余的社会经济环境变量为各县域统计数据，同时对变量数据进行对数标准化。

6.2.3 空间权重构建

为了揭示县域之间柑橘空间的空间联系，首先需要定义空间对象的邻接关系。这种空间联系可以用 $n \times n$ 归一化空间权重来表达，以表示 n 个对象的区位或者所属区域的邻接关系，其基本形式为

$$W = \begin{bmatrix} W_{11} & W_{12} & W_{13} & \cdots & W_{1n} \\ W_{21} & W_{22} & W_{23} & \cdots & W_{2n} \\ \vdots & \vdots & \vdots & & \vdots \\ W_{n1} & W_{n2} & W_{n3} & \cdots & W_{nn} \end{bmatrix} \tag{6-4}$$

本章利用 GeoDa 软件 Queen 邻接定义 141 个县市区空间权重矩阵 (W_{ij}^E)，若两个地区 i、j 拥有共同边界或公共顶点，视为相邻，赋权为 1，即 $W_{ij}=1$；若不相邻，赋权为 0，即 $W_{ij}=0$。权重矩阵 (W_{ij}^E) 的最小邻居数为 1，最大邻居数为 10，具体如图 6-1 所示。

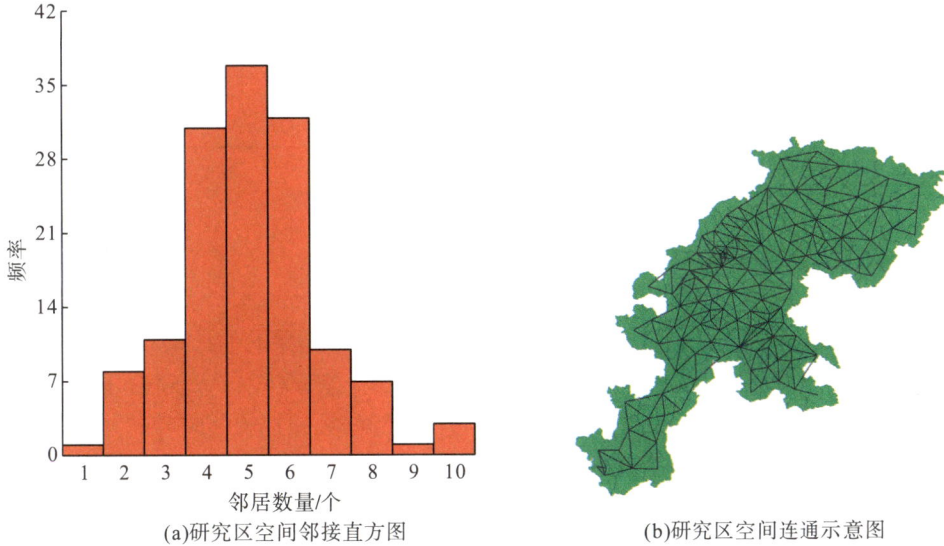

(a)研究区空间邻接直方图　　　　　　　　(b)研究区空间连通示意图

图 6-1　研究区空间邻接图

6.2.4　空间面板模型的检验和选择

相关性检验结果显示，1980～2015 年四川省柑橘种植面积的莫兰指数全部为正，显著不为 0，表明柑橘生产空间存在空间相关性。因此，空间面板模型更适合用于四川柑橘生产空间的响应机制分析。首先对 SEM、SLM、SDM 进行拉格朗日乘数（Lagrange multiplier，LM）检验，以确定空间面板模型。SEM 的 P 值在 1%水平上显著，说明可以选择使用 SEM；同时 SLM 的 P 值在 1%水平上显著，说明也可以选择使用 SLM（表 6-1）。进一步进行似然比（likelihood ratio，LR）检验，SDM 退化成 SLM 的 LR 检验估计值 LR chi2(22)=86.64，在 1%水平上显著；SDM 退化成 SEM 的 LR 检验估计值 LR chi2(22)=104.10，在 1%水平上显著，说明 H_0^1：$\theta=0$ 和 H_0^2：$\theta+\rho\beta=0$ 的假设被拒绝，因此四川柑橘生产空间的响应机制分析采用 SDM 更为合适。其次进行豪斯曼（Hausman）检验确定随机效应和固定效应。统计量为 227.82，且在 1%水平上显著，因此确定固定效应的空间杜宾模型。最后进行显著性检验和计算对数似然值，确定个体效应（ind）、时间效应（time）和个体时间双向固定效应（both）。双向固定效应与个体固定效应的 LR 检验估计值 LR chi2(22)=47.13，在 1%水平上显著，意味着拒绝原假设，选择双向固定效应。但是双向固定效应与时间固定效应的 LR 检验估计值不显著，应选择时间固定效应。个体固定效应与时间固定效应的 LR 检验估计值不显著，应选择时间固定效应。因此，选择时间固定效应的 SDM。

表 6-1　SEM 和 SLM 的 LM 检验结果

模型	检验	统计值	自由度	P 值
SEM	莫兰指数	2.432	1	0.015
	拉格朗日乘数	87.819	1	0.000
	稳健拉格朗日乘数	71.657	1	0.000
SLM	拉格朗日乘数	36.638	1	0.000
	稳健拉格朗日乘数	20.476	1	0.000

6.3　响应机制分析

采用极大似然估计方法进行 SDM 估计，空间面板模型结果的估计系数仅在方向和显著性上有效，不能反映解释变量对被解释变量的影响。基于空间回归模型偏微分方法的 SDM 可以将自变量对因变量的空间影响分解为直接效应、间接效应及总效应[170,184]。总效应为直接效应和间接效应之和。直接效应是指解释变量的变化所引起被解释变量变化的均值，其影响途径有两种：一是解释变量对本区域的直接影响，可以用模型中各因素的系数估计；二是解释变量对邻近区域造成的影响，并通过邻近区域对本区域产生空间效应。间接效应是指邻近区域解释变量对本区域被解释变量的影响，其途径也有两种，一是邻近区域解释变量对本区域的影响；二是邻近区域解释变量对邻近区域产生影响，进而对本区域产生影响。

利用 Stata 软件进行 SDM 计算，结果见表 6-2。空间变量滞后项在 1% 水平上显著，且系数 ρ 估计值为 0.223，表明 SDM 在统计上捕捉到县域柑橘空间存在空间相关性。基于演化经济地理视角的演化机制框架分析，农作物空间演变从最初的自然驱动，逐步转向"自然-社会"驱动。计算结果也证实该假设：地形土壤、气候、市场、生产、社会、经济等因素中，总效应在 10% 水平上显著的解释变量共 15 个，其中自然因素 7 个、人文因素 8 个，说明四川柑橘生产空间响应机制表现出明显的"自然-人文"驱动特征。

表 6-2　四川柑橘空间的溢出效应分解

类型	变量	直接效应		间接效应		总效应	
		系数	P 值	系数	P 值	系数	P 值
地形土壤因素	海拔	0.178	0.454	−0.788	0.058	−0.610*	0.060
	坡度	0.375***	0.000	0.894***	0.000	1.270***	0.000
	pH	0.375	0.108	−0.066	0.860	0.309	0.340
气候因素	年降水量	−1.688***	0.003	1.331**	0.041	−0.358*	0.099
	年平均气温	−0.422	0.512	1.924*	0.098	1.502	0.139
	无霜期	0.388	0.335	0.655	0.325	1.044**	0.037
	最热月平均气温	−0.199*	0.061	−0.645**	0.031	−0.844**	0.015
	夏季≥38℃持续天数	−0.308**	0.015	0.259*	0.096	−0.050	0.484
	年日照时数	−0.575	0.199	−1.209**	0.030	−1.784***	0.000

类型	变量	直接效应		间接效应		总效应	
		系数	P 值	系数	P 值	系数	P 值
气候因素	年均空气湿度	-1.081	0.339	1.431	0.413	0.350	0.766
	气温年较差	0.980	0.508	-5.714***	0.001	-4.734***	0.000
生产因素	劳动力投入强度	0.674***	0.000	-0.132*	0.067	0.542***	0.000
	化肥施用强度	0.048	0.145	0.032	0.684	0.079	0.337
	农药施用强度	0.017	0.606	0.268***	0.003	0.285***	0.004
	有效灌溉面积	0.123***	0.000	0.049	0.598	0.172*	0.097
经济要素	粮食保障	0.204***	0.000	-0.225***	0.001	-0.021	0.751
	城市化水平	0.005	0.861	-0.403***	0.000	-0.398***	0.000
	经济反哺能力	-0.053	0.548	0.409**	0.048	0.356*	0.097
市场因素	消费水平	0.800***	0.002	-3.273***	0.000	-2.473***	0.000
	路网密度	0.073	0.430	0.553***	0.007	0.626***	0.003
社会因素	技术进步	-0.179***	0.000	-0.002	0.963	-0.181***	0.000
	制度政策	0.297***	0.000	-0.497***	0.003	-0.199	0.249

注：***是在 1%水平上显著，**是在 5%水平上显著，*是在 10%水平上显著。

6.3.1　柑橘生产空间对地形土壤因素的响应机制

地形土壤因素作为影响人类生产生活的重要环境因子，不仅直接影响到柑橘生产空间分布，而且还通过影响区域的水、热、养分的再分配，间接影响柑橘的产量和物候。驱动柑橘生产空间变化的地形因素为海拔、坡度、pH，柑橘生产空间对土壤 pH 的响应不显著。海拔的总效应与柑橘变化呈负相关，在 10%水平上显著，表明县域平均海拔的增加将抑制柑橘生产空间扩张，即海拔每增加 1%，柑橘生产空间将收缩 0.61%。受限于土地利用管控，四川省坡度较缓的土地大多为基本农田，仅用于开展粮食种植，而柑橘园大多分布在丘陵或低山区的坡地上，因此坡度与柑橘生产空间变化呈正向效应，总效应为 1.27%，在 1%水平显著，意味着坡度每增加 1%，柑橘生产空间将扩张 1.27%，坡度的直接效应和间接效应分别为 0.375%、0.894%，均在 1%水平上显著，表明县域本地和邻近县域坡度的增加有利于柑橘生产空间扩张。地形因素的合理解释是在低海拔且坡度较大的县域更利于柑橘生产空间扩张。

6.3.2　柑橘生产空间对气候因素的响应机制

作物分布是作物长期适应原产地自然环境的结果，在生理生长过程中对温度、光能、水分等条件有一定要求，由此制约着作物在不同地域空间的分布。结果显示驱动四川省柑橘生产空间分布变化的主要气候因素包括年降水量、无霜期、最热月平均气温、年日照时数、气温年较差。年平均气温、夏季≥38℃持续天数、年均空气湿度的总效应并不显著。在10%水平上年降水量与四川柑橘生产空间变化呈负向效应，表明年降水量每减少1%，四川柑橘生产空间将扩张0.358%，年降水量的直接效应每减少1%，县域本地柑橘生产空间扩张1.688%。无霜期与四川柑橘生产空间变化呈正向效应，在5%水平上显著，无霜期每增加1%，柑橘生产空间将扩张1.044%。最热月平均气温与柑橘生产空间变化呈负向效应，其总效应、间接效应在5%水平上显著，直接效应在10%水平上显著。最热月平均气温总效应每下降1%，柑橘生产空间将扩张0.844%。年日照时数与柑橘生产空间的总效应、间接效应均呈负向效应，表明日照时数减少将促进四川柑橘生产空间扩张。年日照时数每减少1%，柑橘生产空间将扩张1.784%。气温年较差与柑橘生产空间变化呈负向效应，气温年较差每减少1%，柑橘生产空间将扩张4.734%。

6.3.3 柑橘生产空间对生产因素的响应机制

从表6-2可知，化肥施用强度对柑橘空间演化的影响并不显著。驱动柑橘生产空间变化的生产因素主要有劳动力投入强度、农药施用强度和有效灌溉面积。柑橘产业是一个劳动密集型产业，对劳动力需求量大，农村劳动力数量的多少是能否更积极开展柑橘生产的重要因素。劳动力投入及劳动力流动强烈影响着四川柑橘生产空间演变。劳动力投入强度与柑橘生产空间变化呈正向效应，其总效应和直接效应为正且在1%水平上显著，间接效应在10%水平上显著，意味着劳动力投入强度每增加1%，柑橘生产空间将扩张0.542%，县域本地劳动力投入强度每增加1%，将促进空间扩张0.674%。有效灌溉面积的总效应为正向效应，在10%水平上显著，直接效应为正，在1%水平上显著。有效灌溉面积每增加1%，柑橘生产空间扩张0.172%，县域本地有效灌溉面积提升1%，将推动柑橘生产空间扩张0.123%。农药施用强度与柑橘生产空间变化呈正向效应，其总效应在1%水平上显著，农药施用强度每提高1%，柑橘生产空间扩张0.285%。生产因素的合理解释是农村劳动力充足、农田水利基础设施配套较好、农业生产管理规范的县域对柑橘生产空间扩张更有利。

6.3.4 柑橘生产空间对经济因素的响应机制

在驱动柑橘生产空间变化的经济因素中，粮食保障的总效应并不显著，但是其直接效应和间接效应均在1%水平上显著。粮食保障每增加1%，县域本地柑橘生产空间将扩张0.204%。县域本地粮食保障能力的提高意味着人均粮食占有量的提升，农户粮食生产自给的传统习惯得到有效满足，农户对粮食与其他作物在分配有限土地资源的决策行为上，更有意愿进行非粮食作物的种植，因此有利于柑橘生产空间扩张。城市化水平的总效应和间接效应均在1%水平上显著，且均为负值，城市化水平每提高1%，柑橘生产空间将收缩0.398%。城市化水平提升意味着对农村劳动力的吸纳增强，劳动力减少，直接抑制了柑橘生产空间扩张。这在农村劳动力投入强度对柑橘生产空间的影响中得到验证。同时城市化水平提高直接挤占了农地空间，也会制约柑橘生产空间扩张。经济反哺能力对柑橘生产空间变化存在正向效应，总效应和间接效应分别在10%和5%水平上显著。经济反哺能力提高1%，将使得柑橘生产空间扩张0.356%。随着第二、三产业的快速发展，四川省第二、三产业反哺农业的条件逐步具备，有能力通过政策反哺、资金反哺、技术反哺和体制反哺等措施，促进各项要素回流，有利于柑橘生产空间扩张。经济因素合理的解释是粮食保障稳固，城市化水平较低且第二、三产业发展较好的县域更有利于柑橘生产空间扩张。

6.3.5　柑橘生产空间对市场因素的响应机制

市场因素中路网密度和消费水平都对柑橘生产空间具有显著影响。其中，路网密度存在显著的正向效应，其总效应、间接效应均在 1% 水平上显著，与预期假设相符。路网密度每提高 1%，柑橘空间将扩张 0.626%。县域路网密度的提高，直接缩短了产销区之间的流通时间，改善了柑橘运输条件，提升了柑橘产区的经济区位，产区扩大柑橘生产空间后形成的产能可快速进入流通市场，减少果农产品积压风险。消费水平与柑橘生产空间变化存在负向效应，消费水平每增加 1%，柑橘生产空间将收缩 2.473%。可支配收入的提高提升了居民购买力水平，但同时加大了社会消费的多样性，反而抑制了居民对作为大宗水果之一的柑橘的消费意愿。

6.3.6　柑橘生产空间对社会因素的响应机制

社会要素中技术进步和制度政策都对柑橘生产空间具有显著影响。其中，技术进步对柑橘生产空间扩张具有抑制作用，其总效应和直接效应均在 1% 水平上显著，技术进步每增加 1%，柑橘生产空间将收缩 0.181%，而对县域本地而言，将使得柑橘生产空间收缩 0.179%。新技术新品种的推广普及，推动柑橘产量与品质的提升，柑橘生产转向追求质量品质，从而抑制数量规模的扩张。制度政策对县域本地柑橘生产空间扩张产生明显的直接推动作用，其直接效应在 1% 水平上显著，制度政策每增加 1%，县域本地柑橘生产空间将扩张 0.297%。同时由于制度政策对县域本地柑橘生产空间扩张的正向激励，对邻近地区柑橘生产各要素产生虹吸效应，加大对周边地区要素的吸引，对邻近地区柑橘生产会产生抑制作用，造成邻近地区柑橘生产空间收缩。

6.4　小　　结

本章在提出理论假设的基础上，选择地形土壤因素、气候因素、生产要素、经济要素、市场因素、社会因素 6 类 22 个变量指标，通过模型检验，选择时间固定效应的 SDM，定量解析了四川柑橘生产空间变化的响应机制，得出以下研究结果：①四川柑橘生产空间响应是由多种驱动因素共同作用的结果，在地形土壤、气候、市场、生产、社会、经济等要素中，总效应在 10% 水平上显著的解释变量为 15 个，其中自然因素 7 个、人文因素 8 个，说明四川柑橘生产空间响应机制表现出明显的"自然-人文"驱动特征。柑橘生产空间演变从最初的自然驱动逐步转为"自然-社会"驱动。②柑橘生产空间与海拔、年降水量、最热月平均气温、年日照时数、气温年较差、城市化水平、消费水平、技术进步 8 个驱动因素的响应总效应呈负相关，上述因素每增加 1%，柑橘生产空间将分别收缩 0.610%、0.358%、0.844%、1.784%、4.734%、0.398%、2.473%、0.181%。柑橘生产空间与坡度、无霜期、劳动力投入强度、有效灌溉面积、农药施用强度、路网密度、经济反哺能力 7 个驱动因素的响应总效应呈正相关，上述变量每增加 1%，柑橘生产空间将分别扩张 1.270%、1.044%、0.542%、0.172%、0.285%、0.626%、0.356%。柑橘生产空间与夏季≥38℃持续天数、年平均气温、年均空气湿度、pH、化肥施用强度、粮食保障、制度政策 7 个驱动因素的响应总效应不显著。

此外，本章还发现年降水量、年日照时数与四川柑橘生产空间扩张的预期假设不符。柑橘作为多年生经济作物，自然环境对其生理生长具有重要影响。只有在与其匹配的生态环境中，才会形成产量，产生经济价值。温度、湿度、光照、水分等是柑橘生命周期必不可少的基本条件。相关研究显示，年均温为 23～29℃，≥10℃积温为 4500～8000℃，年降水量为 1200～2000mm 较适宜柑橘生长，年日照时数为 1200～1500h，最热月均温 ≤38℃，在此阈值内，随着温度的升高、热量增加，柑橘果实含糖量增加，含酸量下降，品质上升[144]。一般认为生态环境趋好，会产生正向激励作用，推动柑橘生产空间扩张，但研究结果显示，在驱动四川柑橘生产空间分布变化的 5 项气候变量中，年降水量、年日照时数与柑橘生产空间扩张的预期假设不符。年降水量、年日照时数的减少，能削弱地区生态适宜性，导致柑橘生产空间收缩。但是四川盆地的降水量总体上呈下降趋势，线性减少率为 31.6mm·(10a)$^{-1}$，7～10 月降水量的减少是四川盆地年降水量减少的主要原因[28-31]。1961～2006 年，四川省 88.9%的站点年日照时数呈减少趋势，且减少幅度盆地大于高原[185]。在年降水量和年日照时数减少的趋势下，柑橘生产空间直观表现出逆势扩张的现实。究其原因，一是城市化水平、经济反哺能力、消费水平等社会经济因素的交互作用，弱化了降水量、日照时数下降带来的负面影响；二是灌溉条件和生产管理技术的提升削弱了降水量、日照时数减少所造成的影响。

第7章 四川柑橘生产空间的优化调控研究

农作物生产空间是由"自然-人文"因素的地域分异规律所决定的农作物生产在地域上的分工形式，是农作物在空间上的动态组合与地域布局[110]。生产空间优化的目的是充分发挥地区资源优势，逐步形成相对集中的农产品区域化布局，促进农业结构调整和地区经济发展。由于"自然-人文"的双重属性，农作物生产空间演化可视为农业产业集群的演化。已有研究认为，农业产业集群是一个具有生命力的产业群落，其发展可以分为孕育、成长、成熟和衰退四个阶段[186]。在产业不同的生命周期阶段，由于流入效应、乘数效应、流出效应交织导致的空间差异和阶段差异并存，农作物生产空间并不一定经历从低级到高级直至衰亡的全生命过程。在掌握和分析农作物空间变化特征及其响应机制的基础上，进行科学调控和优化是农作物空间和农业土地系统研究的关键任务。

柑橘生产空间调控是减少资源改造成本，提升经济价值，提高生产效率，保护生态环境，实现可持续发展的价值取向。通过调整产业结构，改变土地利用方式及其空间配置，统筹社会经济要素配置，实现对柑橘生产空间要素的最优配置，以便尽可能把柑橘布局在条件最适宜的空间，充分发挥自然生产潜力，取得最大的经济效益，实现柑橘产业可持续发展和区域农业土地系统的最优化。四川柑橘生产空间已大致形成了成都平原生产集中区、川南生产集中区及川东北生产集中区，产业集群总体上处于成长阶段。从生产空间对适宜空间的响应变化来看，2015 年四川柑橘实际种植面积达到 27.84 万 ha，生产空间已远远超过了高适宜区面积，已经存在着向中、低适宜区转移的趋势。未来各区域柑橘空间究竟是流入效应大于流出效应，处于成长阶段，还是与其相反处于衰退阶段，存在极大的不确定性。农业生产空间调控历来是国内外学者关注的重点，现有研究中，数理分析法并未实现优化调控的空间表达；以作物适宜区划为主的空间模型，存在适宜评价指标及其阈值选择具有主观性、缺少对社会经济因素的考虑，以及划定的适宜区空间过大，降低了对农作物生产空间优化调控的合理性和指导性等问题。

因此，本章在前述柑橘生产空间响应机制和驱动因素研究的基础上，针对我国西南地区柑橘作物，立足生产空间对自然驱动因素、人文驱动因素的响应机制分析结果，利用 ArcGIS、Oracle 数据库、SQL 编程语言、MaxEnt 模型等技术，设计了 种柑橘空间网格化模拟模型（SGSM-Citrus），根据柑橘生产空间的内在要求和外部环境，设定不同场景，对 2025 年四川省柑橘生产空间优化开展研究，以期为农作物空间调控研究提供新的技术方法。

7.1 模 型 方 法

7.1.1 模型思路

农作物生产空间演化具有独特性，既有对自然的适宜性，也具有人文适宜性。一般情况下，农作物生产一般在高适宜区(高概率分布区)开始初始实践，其后生产者不断地增加管理成本、时间成本，通过改善基础设施、学习先进技术、制定积极的政策等措施，降低不良因素的负面效应或者尽可能发挥有利因素的正面效应，以期取得更好的经济效益，形成路径依赖，其后再向周边扩张[14,178]。自然选择的结果让适宜空间成了某种农作物的初始集聚区。但是，随着社会、经济、科技等人文因素的发展，一定程度上改变了自然环境因素对农作物空间的影响。劳动力、农户行为、生产成本、市场消费、制度政策、技术进步等更为广义的人文要素在不同时空尺度上的空间异质性，日益加深对农作物空间演化的影响，最后成为"自然-人文"要素综合影响的产物。区域内自然因素分布与人文因素分配的时空差异导致了农作物空间的响应差异。本章基于上述假设，构建了柑橘空间网格化模拟模型(SGSM-Citrus)。该模型基于"自然-人文"因素，首先计算省域内每个栅格像元内布局柑橘的潜在概率；其次通过空间分配规则，将预期数据分配至空间栅格像元中，从而实现对柑橘生产空间的优化调控。

7.1.2 空间分布概率

本章采用 MaxEnt 模型估计柑橘的潜在布局概率 $P(i,n_x)$，即为 n_x 年栅格 i 柑橘分布的概率，其取值范围为[0,1]。具体方法见 3.1 节。$P(i,n_x)$ 值越大代表该栅格柑橘存在的概率越大，越适宜布局柑橘。

首先根据海拔、化肥施用强度、有效灌溉面积、劳动力投入强度、年平均气温、年日照时数、气温年较差、坡度、年均空气湿度、农药施用强度、经济反哺能力、消费水平、无霜期、城市化水平、夏季≥38℃持续天数、路网密度、粮食保障、pH、年降水量、最热月平均气温、技术进步、制度政策 22 个主导变量，利用 MaxEnt 模型计算柑橘的潜在布局概率，通过 ArcGIS 10.2 的掩膜裁剪、重分类空间分析工具，剔除柑橘布局概率小于 0.3 的地区，并根据中国土地利用现状遥感监测数据土地分类标准，仅保留旱地和其他林地两种类型。所有变量数据均为栅格数据类型，并重采样为 1km×1km 分辨率，最后得到四川省柑橘生产空间潜在布局概率的栅格图(图 7-1)。

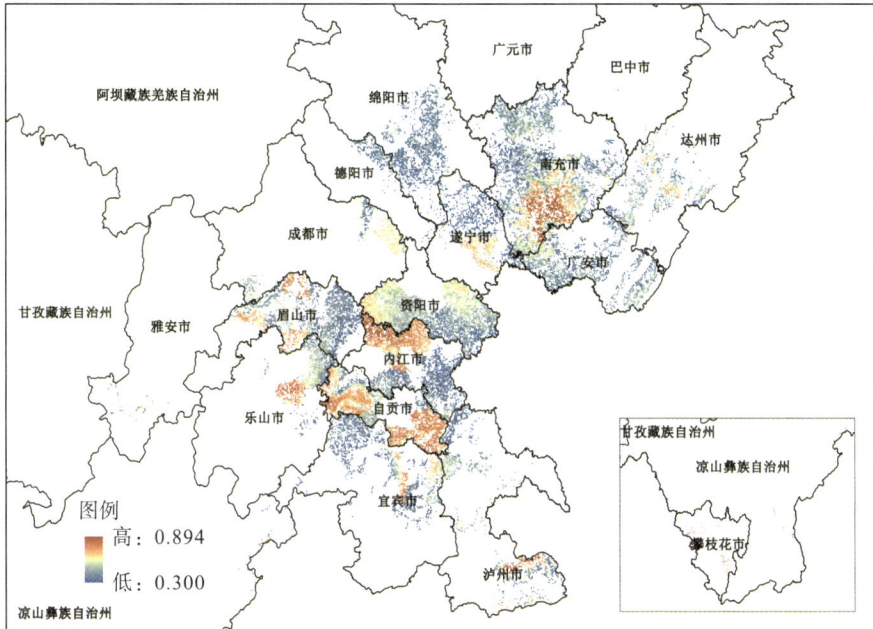

图 7-1　基于"自然-人文"因素的四川省柑橘生产空间潜在布局概率图

7.1.3　不同场景设定

根据《中国农业展望报告（2020—2029）》研究预测结果，我国水果产业将加快高质量发展步伐，未来 10 年水果种植面积扩张有限，水果种植面积年均增长率约为 0.77%，其中园林水果增长空间相对宽裕。在全面推进乡村振兴战略过程中，由于较高的比较效益，水果产业将是许多地区富民增收、巩固脱贫成果、振兴产业的重要依托，生态果园、采摘园等也是很多地区发展休闲农业和乡村旅游不可或缺的组成部分；工商资本对水果产业投资也保持较高热度。因此在 2020~2025 年，全国水果种植面积仍有一定的增长空间，预计 2025 年约为 1.85 亿亩（1233 万 ha）。1980~2015 年，四川省柑橘种植面积快速增加，年均扩张 6.06%，柑橘种植面积从 1980 年的 3.55 万 ha，快速增加到 2015 年的 27.84 万 ha。在经历了快速扩张期（1980~1995 年）、强烈振荡期（1995~2005 年）和扩张恢复期（2005~2015 年）三个阶段后，未来四川柑橘面积增速将会逐步回落。根据《四川农村年鉴》（2007~2017 年），2016 年、2017 年四川柑橘面积增速分别降至 0.99%、0.98%，与全国 2020~2029 年的预测增速接近，但由于四川柑橘具有熟期品质独特的优势，市场开发潜力大。晚熟柑橘上市时间为 1~5 月，正是国内鲜果供应淡季，同期竞争区域较少，未来尚有面积增长空间。如果保持 2017 年增速，到 2025 年，四川柑橘面积将达到 30.70 万 ha。

为了加快农业供给侧结构性改革，推动建设特色鲜明的现代农业产业体系，四川省政府部门制定了包括川果（柑橘）在内的十大优势特色产业推进行动方案。预计到 2025 年，四川省柑橘面积将达到 36.70 万 ha。

内外环境因素变化对产业发展既存在正向影响，也可能存在负向影响。王刘坤和祁春节[32]、汪晓银和祁春节[187]研究认为，我国柑橘主产区的区域比较优势受资源禀赋、资本投入、技术创新、经济水平等因素的综合影响。2005～2015 年四川柑橘产业优势处于下降趋势。其资源禀赋优势系数从 2005 年的 2.44 降至 2015 年的 1.84，年均下降 2.78%。综合优势从 1.70 降至 1.57，年均下降 0.79%。究其原因是地区的经济发展水平不断提高，农业在经济中所占的比重不断减少，产业布局和结构越来越趋于优化而丧失了资源禀赋优势。同时受省内其他优势产业的冲击，柑橘生产的资源禀赋优势减弱，如果四川省柑橘优势持续下降，柑橘产业存在空间收缩的可能。

考虑到未来场景的不确定性，为了确保四川省柑橘产业可持续发展，提升产业扶持政策的科学性、前瞻性，以 2020 年为预测基期年，设定四种场景，即正向低增长(0.98%)、正向高增长(3.26%)、负向低增长(−0.79%)和负向高增长(−2.78%)，对 2025 年四川省柑橘空间展开优化调控，四种场景下 2025 年四川柑橘空间面积见表 7-1。

表 7-1 2025 年不同场景下的四川省柑橘空间面积 （单位：ha）

年份	正向低增长	正向高增长	负向低增长	负向高增长
2020 年	292370	292370	292370	292370
2025 年	306996	367013	281000	253926

7.1.4 空间分配规则

在某一县域内，预期面积按照行政区域内栅格的 $P(i,n_x)$ 从高到低的顺序逐级分配，直至预期面积分配完毕。如果县域内的适宜空间面积小于预期生产空间面积，待县域适宜空间分配完毕，再将剩余预期面积在省域范围内按照概率从高到低逐级分配，直至剩余预期面积分配完毕。该方法通过 Oracle 数据库存储过程按照给定条件对表文件的处理来实现。首先将柑橘生产空间潜在布局概率的栅格数据转为 Point 矢量数据，与县域行政区划矢量数据进行空间连接，获取县名称和面积值字段，并导入 Oracle 数据库建立表文件。存储过程的条件为：在一个行政区内，通过概率从高到低进行栅格面积累加，并标识选择点，当累加值大于和等于预期数据时，结束该行政区的循环。最后将标识点导出，按照原栅格数据像元大小转为栅格数据。

Oracle 数据库存储过程代码如下(以正向低增长场景为例)。

1) 第一步：按县域分配

```
declare
    n1   number: =0;
  begin
    update cs_2025 t set t.Bs Scene_1 =null;
    commit;
    for rec in (select xzqmc, Q Scene_1 from cs_2025
        where nvl(Q Scene_1, 0)>0 and xzqmc is not null
```

```
                group by xzqmc, Q Scene_1) loop
        n1 : = 0;
        dbms_output.put_line(rec.xzqmc);
        for data in (select POINTID, gl_value from cs_2025 where
xzqmc=rec.xzqmc and xzqmc is not null order by gl_value desc) loop
            n1 : = n1 + 1;
            if n1 <= trunc(rec.Q Scene_1)+1 then begin
              update  cs_2025  tt  set  BS  Scene_1=1  where
tt.POINTID=data.POINTID;
              commit;
              exception       when       others       then
dbms_output.put_line('Error!!!');
              end; else begin
                exit;
              end;
            end if;
            end loop;
          end loop;
          end;
```

2）第二步：剩余预期面积按省域分配

```
declare
        n1    number: =0;
      begin
        for rec in (select '四川省' as xzqmc, sum(Q Scene_1),
trunc(sum(bs Scene_1)) as n0   from cs_2020
            where nvl(Q Scene_1, 0)>0  ) loop
        for rec2 in (select sum(q Scene_1) as n2, sum(bs Scene_1)
from (
    select t.xzqmc, t.q Scene_1, count(t.bs Scene_1) as bs Scene_1
    from cs_2020 t group by t.xzqmc , t.q Scene_1 order by t.xzqmc
asc) aa)   loop
        n1 : =rec.n0;
         dbms_output.put_line(rec.n0);
        for data in (select POINTID, gl_value from cs_2020 where
bs Scene_1 is null  order by gl_value desc) loop
            n1 : = n1 + 1;
            if n1 <= rec2.n2+1 then begin
              update  cs_2020  tt  set  tt.test=1  where
```

```
tt.POINTID=data.POINTID;
            commit;
            exception      when      others      then
dbms_output.put_line('Error!!!');
            end; else begin
            exit;
            end;
            end if;
            end loop;
        end loop;
        end loop;
        end;
```

7.2　不同场景下柑橘生产空间的优化调控

7.2.1　正向低增长场景

从表 7-2 可知，与 2020 年基期场景对比，正向低增长场景下 2025 年四川柑橘生产空间面积达到 307000ha，增加 14630ha，空间总量增幅约为 5%[图 7-2(a)]。模拟分布数据与场景预测数据的相对误差为 0.0013%。在南充市、内江市、眉山市、广安市、自贡市等10 个市州可增加柑橘面积，其面积增量较大的市州分别为南充市(23677ha)、内江市(3018ha)、眉山市(2510ha)。此外，在正向低增长场景下虽然省域柑橘生产空间总量扩张，但是由于柑橘空间布局概率差异，有 10 个市(州)柑橘空间出现收缩，其中巴中市、广元市、成都市、凉山州等空间收缩幅度较大，分别收缩85.27%、80.67%、27.04%、24.21%，意味着这些地区过去柑橘生产空间存在非理性扩张响应，虽然柑橘处于正向增长场景，也应调减或控制其柑橘种植面积。以 2020 年柑橘种植面积为参考，柑橘生产空间调减量较大的有成都市(-5226ha)、广元市(-4172ha)、巴中市(-2894ha)、宜宾市(-1909ha)、达州市(-1217ha)、资阳市(-1196ha)。

表 7-2　2025 年不同场景下四川省柑橘生产空间的分布

| 市(州) | 2020 年面积/ha | 2025 年 | | | | | | | |
		正向低增长/ha	变幅/%	正向高增长/ha	变幅/%	负向低增长/ha	变幅/%	负向高增长/ha	变幅/%
阿坝州	0	0	—	0	—	0	—	0	—
巴中市	3394	500	-85.27	500	-85.27	400	-88.21	400	-88.21
成都市	19326	14100	-27.04	16600	-14.11	13000	-32.73	11800	-38.94
达州市	18117	16900	-6.72	19800	9.29	15600	-13.89	14400	-20.52
德阳市	5210	5300	1.73	6200	19.00	4800	-7.87	4400	-15.55

市(州)	2020年面积/ha	2025年							
		正向低增长/ha	变幅/%	正向高增长/ha	变幅/%	负向低增长/ha	变幅/%	负向高增长/ha	变幅/%
甘孜州	104	200	92.31	200	92.31	200	92.31	200	92.31
广安市	15127	16100	6.43	19200	26.93	14800	-2.16	13300	-12.08
广元市	5172	1000	-80.67	1000	-80.67	1000	-80.67	1000	-80.67
乐山市	9045	9500	5.03	13600	50.36	7500	-17.08	6800	-24.82
凉山州	2375	1800	-24.21	2000	-15.79	1700	-28.42	1500	-36.84
泸州市	13484	13300	-1.36	14700	9.02	12300	-8.78	11300	-16.20
眉山市	49390	51900	5.08	61800	25.13	47500	-3.83	42800	-13.34
绵阳市	9517	9300	-2.28	10900	14.53	8600	-9.64	7800	-18.04
南充市	24123	47800	98.15	55700	130.90	43700	81.15	39000	61.67
内江市	22882	25900	13.19	31900	39.41	24000	4.89	21000	-8.22
攀枝花市	286	1000	249.65	1200	319.58	1000	249.65	1000	249.65
遂宁市	2521	2900	15.03	3500	38.83	2600	3.13	2500	-0.83
雅安市	3488	3000	-13.99	3600	3.21	2800	-19.72	2500	-28.33
宜宾市	31009	29100	-6.16	34200	10.29	26900	-13.25	24400	-21.31
资阳市	45796	44600	-2.61	52900	15.51	41000	-10.47	37200	-18.77
自贡市	12004	12800	6.63	17600	46.62	11700	-2.53	10700	-10.86
总　计	292370	307000	5.00	367100	25.56	281100	-3.85	254000	-13.12

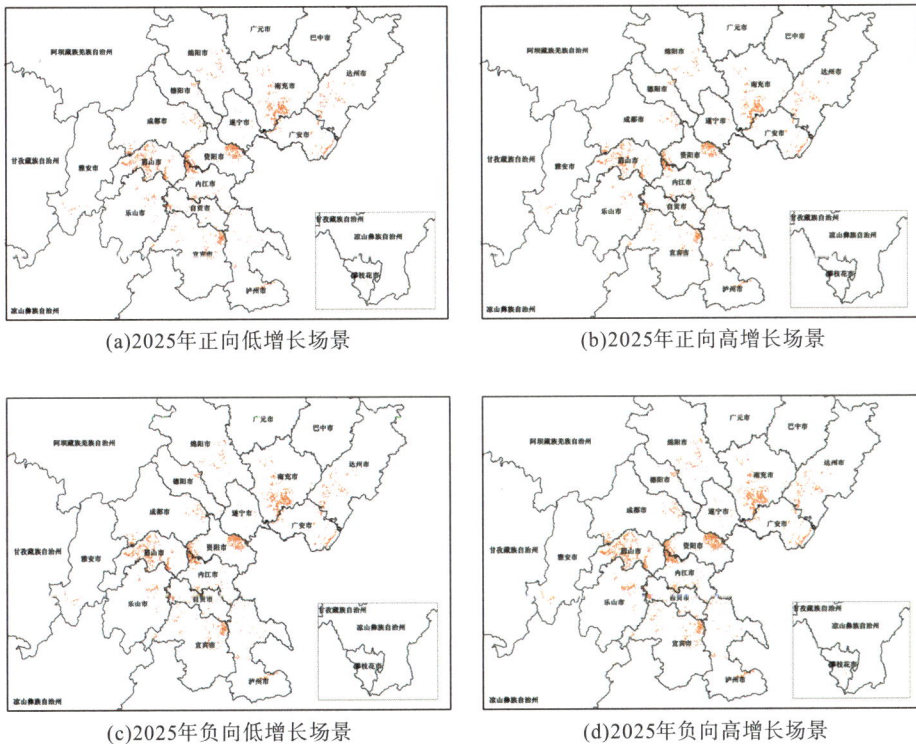

(a)2025年正向低增长场景

(b)2025年正向高增长场景

(c)2025年负向低增长场景

(d)2025年负向高增长场景

图 7-2　不同场景下 2025 年四川省柑橘生产空间模拟分布预测

7.2.2　正向高增长场景

在正向高增长场景下，四川柑橘空间扩张响应呈现普遍性[图7-2(b)]，2025年四川省柑橘生产空间面积为367100ha，增加74730ha，空间总量增幅为25.56%。模拟分布数据与场景预测数据的相对误差为0.0237%。该场景下广元市、巴中市、成都市、凉山州4个市(州)柑橘空间依然出现收缩性响应，这4个市(州)仍需调减柑橘面积，调减量分别为4172ha，2894ha，2726ha、375ha。此外，有16个市(州)的柑橘空间可继续扩张，其中南充市、眉山市、内江市、资阳市、自贡市的柑橘空间扩张量较大，分别为31577ha、12410ha、9018ha、7104ha、5596ha。

7.2.3　负向低增长场景

在负向低增长场景下，2025年四川省柑橘生产空间面积为281100ha，总量减少11270ha，空间总量收缩3.85%[图7-2(c)]。模拟分布数据与场景预测数据的相对误差为0.0356%。巴中市(-88.21%)、广元市(-80.67%)、成都市(-32.73%)、凉山州(-28.42%)、雅安市(-19.72%)、乐山市(-17.08%)、达州市(-13.89%)等15个市(州)柑橘空间出现收缩，需要调减柑橘种植面积。调减面积较大的有成都市(6326ha)、资阳市(4796ha)、广元市(4172ha)、宜宾市(4109ha)。在负向低增长场景下，攀枝花市、甘孜州、南充市、内江市和遂宁市5个市(州)依然存在柑橘空间扩张响应，空间扩张增幅分别为249.65%、92.31%、81.15%、4.89%和3.13%。从可增加面积来看，南充市增加了19577ha，内江市增加了1118ha，其余增加较少。

7.2.4　负向高增长场景

在负向高增长场景下，2025年四川省柑橘生产空间面积为254000ha，减少38370ha，空间总量扩张降幅13.12%[图7-2(d)]。模拟分布数据与场景预测数据的相对误差为0.0291%。巴中市(-88.21%)、广元市(-80.67%)、成都市(-38.94%)、凉山州(-36.84%)、雅安市(-28.33%)、乐山市(-24.82%)、达州市(-20.52%)等17个市(州)柑橘空间出现收缩性响应。在负向高增长场景下，仅有攀枝花市、甘孜州、南充市3个市(州)柑橘种植面积继续增加，空间扩张增幅分别为249.65%、92.31%、61.67%，从增量来看，南充市增加了14877ha、攀枝花市增加了714ha。

7.3　小　　结

本章立足生产空间对自然驱动因素、人文驱动因素的响应机制分析结果，根据生产布局的内在要求和外部环境，采用柑橘空间网格化模拟模型(SGSM-Citrus)对柑橘空间调控过程进行了定量化研究，为农作物区域优化发展研究提供了一种新的思路和方法。主要研究结果如下。

（1）SGSM-Citrus 较好地解决了柑橘空间调控模拟。2025 年 4 种场景下四川柑橘空间规模与预测规模基本一致，正向低增长场景模拟数据为 307000ha，正向高增长场景模拟数据为 367100ha，负向低增长场景模拟数据为 281100ha，负向高增长场景模拟数据为 254000ha，与其对应场景预测数据的相对误差分别为 0.0013%、0.0237%、0.0356%、0.0291%，均小于 0.05%。

（2）2025 年，四川柑橘生产布局宜采用正向低增长场景进行空间调控，主要布局在眉山市、资阳市、宜宾市、南充市、内江市。巴中市、广元市、成都市、凉山州等市（州）存在非理性扩张，应及时弱化产业扶持、项目资金投入等政策工具对非理性区域的激励作用。由于光照优势、规模优势，在攀枝花市、甘孜州、南充市等市（州）的局部地区，柑橘种植面积可继续增加。这些区域具有独特的比较优势，应针对比较优势制定扶持政策，引导各类社会、经济要素汇聚到这些区域，促进柑橘产业可持续发展。

农业生产具有自然再生产和社会再生产的双重特征，不同区域的"自然-人文"因素组合对于农作物的生长有着显著的影响。与此同时，在传统农业向现代农业转变的过程中，自然环境对农产品比较优势形成与发展的约束作用大大减弱，农作物空间调控受人类经济社会活动的影响不断加大。本书构建的 SGSM-Citrus 通过识别关键的自然、人文驱动因素，在计算柑橘生产空间布局概率时，不仅考虑了光温水土等自然环境因素的影响，还充分考虑了土地利用、劳动力、生产要素等社会经济因素对柑橘生产空间的影响，较好地反映了"自然-人文"因素对农作物空间的综合作用。通过对柑橘产业未来所处阶段进行预测，设定了不同场景，对四川处于不同发展阶段的柑橘产业给出了不同的优化调控建议，表现出较强的适用性。另外，为了突出方法研究，本章在进行"自然-人文"驱动因素设定时，并未考虑环境变量的时间变化，各变量 2025 年的预测值均以 2015 年现状值做参考。下一步研究中可进一步对环境变量进行深入预测，提高模型精度。

第8章 结论、建议与展望

8.1 研 究 结 论

本书综合运用数理分析法、最大熵(MaxEnt)模型、ArcGIS 技术、地理探测器、空间计量模型等方法与工具,以四川省柑橘生产和适宜空间为研究对象,分析其时空演化特征、生产空间对适宜空间的响应特征,识别柑橘生产空间响应的主要驱动因素,定量解析了柑橘生产空间对"自然-人文"驱动因素的响应机制,并立足生产空间对自然驱动因素、人文驱动因素的响应机制分析结果,探索建立 SGSM-Citrus 对柑橘生产空间优化进行模拟,为区域农业土地系统优化提供了理论支撑,得到以下结论。

1. 四川柑橘适宜空间变化较小,在波动变化中呈现局部的空间调整和等级升降转换

(1)基于最大熵模型构建了四川柑橘适宜空间分布与自然环境变量的关系模型。1980~2015 年四川省柑橘适宜空间分布与自然环境变量关系模型的预测准确度非常好(AUC 值>0.90)。不同时期潜在自然环境变量对柑橘分布概率的影响不同,总体来看,影响四川省柑橘空间分布的主导环境变量较多,包括海拔、最热月平均气温、年平均气温、夏季≥38℃持续天数、年均空气湿度、花期日平均气温、坡度、年降水量、气温年较差、≥0℃积温、年日照时数、最冷月平均气温、无霜期、≥10℃积温、pH。四川省柑橘适宜空间分布的主导自然环境变量可以概括为以光、热、水为特征的气候环境变量。

(2)1980~2015 年,四川柑橘适宜空间变化较小,基本保持稳定,主要分布在川中丘陵区、成都平原区,以及与盆周山地区的交接地区。研究期间适宜空间整体呈双峰状波动收缩,适宜空间累计减少 3.1 万 ha。在南充市、乐山市、眉山市、泸州市等市总体呈现空间扩张,在资阳市、遂宁市、达州市、内江市、宜宾市、广安市等市总体呈现空间收缩。局部地区适宜空间的扩张与收缩交替发生。中适宜等级空间整体上呈现收缩态势,并表现出"收缩—扩张—收缩"的演化过程,空间面积累计减少 6.22 万 ha;在资阳市、遂宁市、达州市、广安市、内江市、宜宾市等市呈现空间收缩态势;在乐山市、眉山市、自贡市、南充市、泸州市等市呈现空间扩张态势。高适宜等级空间整体呈现出扩张态势,分布从零星分散向区域集聚转变,并历经"扩张—收缩—扩张"的演化过程,高适宜等级空间面积累计增加 3.12 万 ha;在南充市、广安市、达州市扩张明显,在自贡市、遂宁市、内江市收缩相对明显。

(3)四川柑橘适宜等级存在升降转换,且主要发生在相邻等级之间。不适宜区主要与

低适宜区发生双向转化,低适宜等级的双向转换主要发生在不适宜区和中适宜区,中适宜区的双向转换主要发生在低适宜区和不适宜区,高适宜区主要与中适宜区发生双向转换。

2. 四川柑橘生产空间集聚态势显著,空间在波动中扩张且存在向中低适宜区转移的趋势

(1)1980~2015 年,四川柑橘生产空间呈现扩张态势,柑橘生产空间从 3.55 万 ha 快速增加到 27.84 万 ha,生产空间重心以"慢—快—慢"的运动特征往西南部迁移。时序上可分为快速扩张期(1980~1995 年)、强烈振荡期(1995~2005 年)和扩张恢复期(2005~2015 年)三个阶段。柑橘生产空间的全局莫兰指数均大于 0,空间分布在县域尺度上具有显著的地理性集聚,呈现出"西冷东热"的空间结构。随着时间的推移,热点区逐步从盆周山地区收缩,并向成都平原区、川中丘陵区集中。区位基尼系数从 0.705 增长到 0.767,地理集中度从 54.75% 增长到 64.02%,集聚程度不断提升。

(2)1980~2015 年,四川柑橘生产空间的响应状态为弱正响应,适宜区响应指数从 2.22 增加至 17.40,但高适宜等级生产空间响应指数从 34.07 减小至-62.20,随着柑橘生产空间的扩张,生产空间与适宜空间的响应状态出现失衡特征,生产空间存在向中适宜区甚至不适宜区转移的趋势。对适宜空间而言,柑橘生产空间以强负响应和弱正响应状态为主,其中强负响应主要分布在盆周山地区和成都平原区,弱正响应主要分布在川中丘陵区,强正响应呈零星分散分布。对高适宜区而言,柑橘生产空间以强负响应为主,大量分布在盆周山地区、成都平原区和川中丘陵区。

3. 四川柑橘生产空间变化为"自然-人文"因素共同作用,生产要素是关键因素,自然因素是重要因素

(1)劳动力投入强度、化肥施用强度、农药施用强度、有效灌溉面积等生产要素的解释力最强,q 值大于 0.6;坡度、海拔、年均空气湿度、年日照时数等 8 个影响因素次之,其 q 值为 0.207~0.322;消费水平、经济反哺能力、城市化水平等 10 个影响因素的解释力偏弱,其 q 值均小于 0.2,表明生产要素是生产空间分异的关键因素,自然因素是重要因素。四川柑橘生产空间分异是由多种影响因素共同作用的结果,各影响因素对柑橘生产空间的交互作用主要表现为双因子增强,不存在相互独立起作用的因素。生产要素在叠加自然因素、市场因素和社会因素后强化了对四川柑橘生产空间分异的影响。城市化水平、经济反哺能力、消费水平与其他因素的交互作用大多为非线性增强,表明经济社会发展可以大幅增强其他因素对柑橘生产空间分异的影响。

(2)机制研究结果证实,在地形土壤、气候、市场、生产、社会、经济等要素中,生产空间响应的总效应在 10% 水平以上显著的解释变量为 15 个,其中自然因素 7 个、人文因素 8 个,说明四川柑橘生产空间响应表现出明显的"自然-人文"驱动特征。柑橘生产空间响应从最初的自然驱动逐步转为"自然-社会"驱动。生产空间对海拔、年降水量、最热月平均气温、年日照时数、气温年较差、城市化水平、消费水平、技术进步 8 个驱动因素响应的总效应呈负相关,上述变量每增加 1%,柑橘生产空间将分别收缩 0.610%、0.358%、0.844%、1.784%、4.734%、0.398%、2.473%、0.181%。生产空间与坡度、无霜期、劳动力投入强度、有效灌溉面积、农药施用强度、路网密度、经济反哺能力 7 个驱动因素响应的总效应呈正相关,上述变量每增加 1%,柑橘生产空间将分别扩张 1.270%、1.044%、0.542%、0.172%、0.285%、0.626%、0.356%。柑橘生产空间与夏季≥38℃持续天数、年平均气温、年均空气湿度、pH、化肥施用强度、粮食保障、制度政策 7 个驱动因素的响应总效应不显著。

4. 柑橘生产空间网格化模拟模型适用于四川柑橘的调控,可采用正向低增长场景方案进行空间优化

(1)以生产空间对自然驱动因素、人文驱动因素的响应机制等分析结果为基础,建立的 SGSM-Citrus 较好地解决了农作物空间调控模拟。2025 年四种场景下的柑橘空间规模与预测规模基本一致,正向低增长场景模拟数据为 307000ha,正向高增长场景模拟数据为 367100ha,负向低增长场景模拟数据为 281100ha,负向高增长场景模拟数据为 254000ha,与其对应场景的相对误差均小于 0.05%。

(2)2025 年,四川柑橘生产布局宜采用正向低增长场景进行空间调控,主要布局在眉山市、资阳市、宜宾市、南充市、内江市。巴中市、广元市、成都市、凉山州等市(州)存在非理性扩张响应,应及时弱化产业扶持、项目资金投入等政策工具对非理性区域的激励作用。在攀枝花市、甘孜州、南充市等市(州)的局部地区,柑橘种植面积可继续增加。

8.2　研究创新

(1)综合运用数理方法、MaxEnt 模型等,获得了长时序四川柑橘适宜空间、生产空间的变化信息,通过构建响应指数模型,揭示了生产空间响应适宜空间的变化过程,明确了 1980～2015 年四川柑橘空间的时空演化特征。

(2)基于"生产空间响应"主线,利用空间面板计量模型定量解析柑橘生产空间对"自然-人文"驱动因素的响应变化,揭示了地形土壤、气候、生产、经济、市场、社会 6 类 22 个驱动因素对柑橘空间时空动态变化的作用机制。

(3)立足生产空间对自然驱动因素、人文驱动因素的响应机制分析结果,探索构建了柑橘空间网格化模拟模型(SGSM-Citrus),对四川省柑橘生产布局过程进行模拟,为区域农业生产布局研究提供了一定的理论基础和实践方法。

8.3　研究展望

本书综合运用多种方法系统开展了四川柑橘生产空间的时空演化特征及对适宜空间的响应机制研究,其中仍存在一定的不足,有待未来进一步研究和探讨。

(1)研究区域有待进一步拓宽。本书仅探讨了四川省域尺度柑橘生产空间和适宜空间演化特征、生产空间响应机制及其驱动因素等。已有研究表明,自然因素对农作物空间的

驱动,在区域层面、国家层面,对适宜空间和生产空间等级变化的影响会更加显著。我国南方地区自然、社会经济等各方面条件差异和变化较大。因此,针对大区域尺度下的柑橘空间演化特征有待进一步系统研究。

(2)研究对象有待进一步细分。本书将柑橘类作为研究对象展开研究,事实上不同柑橘种类对"自然-人文"因素的响应变化并不一样,下一步可选择主栽品种(不知火、春见、大雅、爱媛 38 号、清见等)分别研究,以提高指导性和精准性。

(3)农业生产空间评价是国土空间开发适宜性评价的重要内容之一,在以往实践中重城镇空间而轻农业空间。本书的技术方法、内容成果可进一步拓展,用于对农业生产的国土空间进行适宜性等级划分,确定其作为农业生产空间的适宜程度,为准确划定农业空间提供依据,也为优化调整农业生产空间布局提供科学指引。

8.4　政策建议

一是科学布局柑橘生产重点县。四川柑橘生产空间布局重点考虑在低海拔且坡度较大、农村劳动力充足、农田水利基础设施配套较好、农业生产管理规范、粮食保障稳固、城镇化水平较低且第二、三产业发展较好的县域。同时,四川柑橘生产空间经历了长期扩张发展,其空间逐步趋于稳定,应加强柑橘生产布局优化,压缩非适宜区种植面积,柑橘种植重点转向低产、低质和低效橘园的淘汰和改造,鼓励主产区企业和农户参与标准化示范基地建设。二是加强基础设施建设,增强对不利环境变化的适应。加快以排灌渠系、蓄、引、提等灌溉设施建设为重点的水利设施建设,推广滴灌、喷灌节水设施。加强基地道路建设,实现交通干道与基地耕作道路相通。加强柑橘专业市场建设,在柑橘优势产区有计划、分批建设一批与柑橘基地相衔接的骨干专业批发市场,推进果品的分级分类、储运、保鲜、包装、信息服务等市场配套设施建设。三是强化技术支撑,通过生产管理弱化不利因素影响。积极支持柑橘品种选育及苗木繁育、柑橘标准化种植及优质高产、病虫害防控、加工储藏保鲜、质量安全等领域的基础科研和技术集成研发。依托国家柑橘产业技术创新团队,建立和完善县乡农技推广体系,加大新品种、新技术的引进、试验、示范和推广力度;充分利用各类培训资源,加大专业大户、家庭农场经营者培训力度,强化科技指导直接到户、良种良法直接到田、技术要领直接到人的科技推广新机制,提高柑橘产业效益效率。

参 考 文 献

[1] 唐华俊, 吴文斌, 余强毅, 等. 农业土地系统研究及其关键科学问题[J]. 中国农业科学, 2015, 48(5): 900-910.

[2] 吴文斌, 杨鹏, 李正国, 等. 农作物空间格局变化研究进展评述[J]. 中国农业资源与区划, 2014, 35(1): 12-20.

[3] 唐华俊, 吴文斌, 杨鹏, 等. 农作物空间格局遥感监测研究进展[J]. 中国农业科学, 2010, 43(14): 2879-2888.

[4] 李森林. 自然生产力在农业生产中的作用[J]. 中国农村经济, 1985(10): 8-10, 21.

[5] Bobek B, Furtek J, Bobek J, et al. Spatio-temporal characteristics of crop damage caused by wild boar in north-eastern Poland[J]. Crop Protection, 2017, 93(3): 106-112.

[6] 林而达, 许吟隆, 蒋金荷, 等. 气候变化国家评估报告(Ⅱ): 气候变化的影响与适应[J]. 气候变化研究进展, 2006, 2(2): 51-56.

[7] 秦大河, 丁一汇, 苏纪兰, 等. 中国气候与环境演变评估(Ⅰ): 中国气候与环境变化及未来趋势[J]. 气候变化研究进展, 2005, 1(1): 4-9.

[8] 刘纪远, 匡文慧, 张增祥, 等. 20 世纪 80 年代末以来中国土地利用变化的基本特征与空间格局[J]. 地理学报, 2014, 69(1): 3-14.

[9] Falloon P, Betts R. Climate impacts on European agriculture and water management in the context of adaptation and mitigation—the importance of an integrated approach [J]. Science of the Total Environment, 2010, 408: 5667-5687.

[10] Smith W N, Grant B B, Desjardins R L, et al. Assessing the effects of climate change on crop production and GHG emissions in Canada[J]. Agriculture, Ecosystems and Environment, 2013, 179: 139-150.

[11] 王伟新, 向云, 祁春节. 中国水果产业地理集聚研究: 时空特征与影响因素[J]. 经济地理, 2013, 33(8): 97-103.

[12] 刘天军, 范英. 中国苹果主产区生产布局变迁及影响因素分析[J]. 农业经济问题(月刊), 2012(10): 36-42.

[13] 程沅孜, 李谷成, 李欠男. 中国油菜生产空间布局演变及其影响因素分析[J]. 湖南农业大学学报(社会科学版), 2016, 17(2): 9-15.

[14] 林正雨, 何鹏, 李晓, 等. 四川省农业地理集聚格局及演化机制研究[J]. 中国农业资源与区划, 2017, 38(1): 207-215.

[15] 唐华俊, 周清波, 杨鹏, 等. 全球变化背景下农作物空间格局动态变化[M]. 北京: 科学出版社, 2014.

[16] 夏天, 吴文斌, 周清波, 等. 基于地理回归的农作物播种面积统计数据空间化方法[J]. 自然资源学报, 2016, 31(10): 1773-1782.

[17] Foley J A, Ramankutty N, Brauman K A, et al. Solutions for a cultivated planet[J]. Nature, 2011, 478(7369): 337-342.

[18] 张放. 2007—2016 年全球柑桔鲜果进出口统计分析[J]. 中国果业信息, 2017, 34(11): 23-37.

[19] 齐乐, 祁春节. 世界柑橘产业现状及发展趋势[J]. 农业展望, 2016(12): 46-52.

[20] 邓秀新. 中国柑橘育种 60 年回顾与展望[J]. 园艺学报, 2022, 49(10): 2063-2074.

[21] 国家统计局农村社会经济调查司. 中国农村统计年鉴(2017)[M]. 北京: 中国统计出版社, 2017.

[22] 刘建军, 陈克玲, 李洪雯. 四川柑桔品种结构调整策略[J]. 西南农业学报, 2003, 16(1): 113-115.

[23] 国家统计局农村社会经济调查司. 中国农村统计年鉴(2016)[M]. 北京: 中国统计出版社, 2016.

[24] 黄寿波, 何素心, 高士贤. 浙江省柑桔生产区划的研究[J]. 浙江农业大学学报, 1984, 10(2): 177-184.

[25] 沈兆敏, 张伯雅, 何天富, 等. 我国柑桔的生态适宜性区划研究[J]. 中国农业科学, 1984(2): 1-7.

[26] 杜伊路. 四川省柑桔生态区划[J]. 资源科学, 1987, 11(2): 77-81.

[27] 陈文秀, 郝克俊, 田宏. 近100年四川气温变化的多时间尺度分析[J]. 成都气象学院学报, 1999, 48(1): 78-82.

[28] 赵文虎, 孙卫国, 程炳岩. 近50年川渝地区的气温变化及其原因分析[J]. 高原山地气象研究, 2008, 28(3): 59-67.

[29] 陈超, 庞艳梅, 张玉芳. 近50年来四川盆地气候变化特征研究[J]. 西南大学学报(自然科学版), 2010, 32(9): 115-120.

[30] 胡毅, 朱克云, 李跃春, 等. 成都平原中西部近40年气候特征及其变化研究[J]. 成都信息工程学院学报, 2004, 19(2): 223-231.

[31] 高蔺云, 黄晓荣, 奚圆圆, 等. 基于云模型的四川盆地气候变化时空分布特征分析[J]. 华北水利水电大学学报(自然科学版), 2017, 38(1): 1-7.

[32] 王刘坤, 祁春节. 中国柑橘主产区的区域比较优势及其影响因素研究: 基于省级面板数据的实证分析[J]. 中国农业资源与区划, 2018, 39(11): 121-128.

[33] Turner B L, Lambin E F, Reenberg A. The emergence of land change science for global environmental change and sustainability[J]. Proceedings of the National Academy of Sciences of the United States of America, 2007, 104(52): 20666-20671.

[34] Rindfuss R, Walsh S, Turner B, et al. Developing a science of land change: Challenges and methodological issues[J]. Proceedings of the National Academy of Sciences of the United States of America, 2004, 101(39): 13976-13981.

[35] Volk M, Ewert F. Scaling methods in integrated assessment of agricultural systems—State-of-the-art and future directions[J]. Agriculture, Ecosystems & Environment, 2011, 142(1/2): 1-5.

[36] Yuan L J, Zheng D X. Progress of the research methodologies on the temporal and spatial process of LUCC[J]. Chinese Science Bulletin, 2010, 55(14): 1354-1362.

[37] 余强毅, 吴文斌, 杨鹏, 等. Agent农业土地变化模型研究进展[J]. 生态学报, 2013, 33(6): 1690-1700.

[38] 何英彬, 陈佑启, 杨鹏, 等. 国外基于GIS土地适宜性评价研究进展及展望[J]. 地理科学进展, 2009, 28(6): 898-904.

[39] 吴高艺. 土地适宜性评价的理论与方法: 神经网络模型与应用研究[D]. 南宁: 广西大学, 2004.

[40] 史同广, 郑国强, 王智勇, 等. 中国土地适宜性评价研究进展[J]. 地理科学进展, 2007, 26(2): 106-115.

[41] 李超, 张凤荣, 宋乃平, 等. 土地利用结构优化的若干问题研究[J]. 地理与地理信息科学, 2003, 19(2): 52-55, 59.

[42] Benabdallah S, Wright J R. Multiple subregion allocation models[J]. Journal of Urban Planning and Development, 1992, 118(1): 24-40.

[43] 倪绍祥, 刘彦随. 区域土地资源优化配置及其可持续利用[J]. 农村生态环境, 1999, 15(2): 8-12, 21.

[44] 罗鼎, 许月卿, 邵晓梅, 等. 土地利用空间优化配置研究进展与展望[J]. 地理科学进展, 2009, 28(5): 791-797.

[45] Ellisa E C, Kaplan J O, Fuller D Q, et al. Used planet: A global history[J]. Proceedings of the National Academy of Sciences of the USA, 2013, 110(20): 7978-7985.

[46] 程勇翔, 王秀珍, 郭建平, 等. 中国水稻生产的时空动态分析[J]. 中国农业科学, 2012, 45(17): 3473-3485.

[47] 杨万江, 陈文佳. 中国水稻生产空间布局变迁及影响因素分析[J]. 经济地理, 2011, 31(12): 2086-2093.

[48] 陈欢, 王全忠, 周宏. 中国玉米生产布局的变迁分析[J]. 经济地理, 2015, 35(8): 165-171.

[49] 杨宗辉, 蔡鸿毅, 陈珏颖, 等. 我国玉米生产空间布局变迁及其影响因素分析[J]. 中国农业资源与区划, 2018, 39(12): 169-176.

[50] Fan L L, Liang S F, Chen H, et al. Spatio-temporal analysis of the geographical centroids for three major crops in China from 1949 to 2014[J]. Journal of Geographical Sciences, 2018, 28(11): 1672-1684.

[51] Xiao Z, Huang X J, Zang Z, et al. Spatio-temporal variation and the driving forces of tea production in China over the last 30 years[J]. Journal of Geographical Sciences, 2018, 28(3): 275-290.

[52] Araújoa M L S D, Sano E E, Bolfe É L, et al. Spatiotemporal dynamics of soybean crop in the Matopiba region, Brazil(1990-2015)[J]. Land Use Policy, 2019, 80(1): 57-67.

[53] 周清波. 国内外农情遥感现状与发展趋势[J]. 中国农业资源与区划, 2004, 25(5): 9-14.

[54] Gumma M K, Gauchan D, Nelson A, et al. Temporal changes in rice-growing area and their impact on livelihood over a decade: A case study of Nepal[J]. Agriculture, Ecosystems and Environment, 2011, 142(3-4): 382-392.

[55] Li P, Feng Z M, Jiang L G, et al. Changes in rice cropping systems in the Poyang Lake Region, China during 2004-2010[J]. Journal of Geographical Sciences, 2010, 22(4): 653-668.

[56] 封志明, 刘晓娜, 姜鲁光, 等. 中老缅交界地区橡胶种植的时空格局及其地形因素分析[J]. 地理学报, 2013, 68(10): 1432-1446.

[57] 徐晗泽宇, 刘冲, 王军邦, 等. Google Earth Engine 平台支持下的赣南柑橘果园遥感提取研究[J]. 地球信息科学, 2018, 20(3): 396-404.

[58] Wu W B, Shibasaki R, Yang P, et al. Modeling changes in paddy rice sown areas in Asia[J]. Sustainability Science, 2010, 5(1): 29-38.

[59] You L, Wood S, Wood-Sichra U. Generating plausible crop distribution maps for Sub-Saharan Africa using a spatially disaggregated data fusion and optimization approach[J]. Agricultural Systems, 2009, 99(2-3): 126-140.

[60] 刘珍环, 唐鹏钦, 范玲玲, 等. 1980—2010 年东北地区种植结构时空变化特征[J]. 中国农业科学, 2016, 49(21): 4107-4119.

[61] 唐鹏钦, 杨鹏, 陈仲新, 等. 利用交叉信息熵模拟东北地区水稻种植面积空间分布[J]. 农业工程学报, 2013, 29(17): 96-104.

[62] 刘珍环, 李正国, 唐鹏钦, 等. 近 30 年中国水稻种植区域与产量时空变化分析[J]. 地理学报, 2013, 68(5): 680-693.

[63] Busby J. BIOCLIM: A bioclimate analysis and prediction system[J]. Plant Protection Quarterly, 1991, 6: 8-9.

[64] Hirzel A H, Hausser J, Chessel D, et al. Ecological niche factor analysis: How to compute habitat-suitability maps without absence data[J]. Ecology, 2002, 83(7): 2027-2036.

[65] Stockwell D, Peters D. The GARP modelling system: Problems and solutions to automated spatial prediction[J]. International Journal of Geographical Information Science, 1999, 13(2): 143-158.

[66] Phillips S J, Dud´ık M, Schapire R E. A maximum entropy approach to species distribution modeling[C]. Proceedings of the 21st International Conference on Machine Learning, Banff Canada, 2004.

[67] Phillips S J, Anderson R P, Schapire R E. Maximum entropy modeling of species geographic distributions[J]. Ecological Modelling, 2006, 190: 231-259.

[68] 何奇瑾, 周广胜, 隋兴华, 等. 1961—2010 年中国春玉米潜在种植分布的年代际动态变化[J]. 生态学杂志, 2012, 31(9): 2269-2275.

[69] 段居琦, 周广胜. 我国双季稻种植分布的年代际动态[J]. 科学通报, 2013, 58(13): 1213-1220.

[70] 宁晓菊, 张丽君, 秦耀辰, 等. 60 年来我国主要粮食作物适宜生长区的时空分布[J]. 地球科学进展, 2019, 34(2): 191-201.

[71] Wei B, Wang R L, Hou K, et al. Predicting the current and future cultivation regions of *Carthamus tinctorius* L. using MaxEnt model under climate change in China[J]. Global Ecology and Conservation, 2018, 16(4): e00477.

[72] Jayasinghe S L, Kumar L. Modeling the climate suitability of tea [*Camellia sinensis*(L.) O. Kuntze] in Sri Lanka in response to current and future climate change scenarios[J]. Agricultural and Forest Meteorology, 2019, 272-273(7): 102-117.

[73] 云雅如, 方修琦, 王媛, 等. 黑龙江省过去 20 年粮食作物种植格局变化及其气候背景[J]. 自然资源学报, 2005, 20(5): 697-705.

[74] 杨晓光, 刘志娟, 陈阜. 全球气候变暖对中国种植制度可能影响Ⅰ. 气候变暖对中国种植制度北界和粮食产量可能影响的分析[J]. 中国农业科学, 2010, 43(2): 329-336.

[75] 陈浩, 李正国, 唐鹏钦, 等. 气候变化背景下东北水稻的时空分布特征[J]. 应用生态学报, 2016, 27(8): 2571-2579.

[76] 郝志新, 郑景云, 陶向新. 气候增暖背景下的冬小麦种植北界研究——以辽宁省为例[J]. 地理科学进展, 2001, 20(3): 254-261.

[77] 邓振镛, 张强, 徐金芳, 等. 西北地区农林牧业生产及农业结构调整对全球气候变暖响应的研究进展[J]. 冰川冻土, 2008, 30(5): 835-842.

[78] 李克南, 杨晓光, 慕臣英, 等. 全球气候变暖对中国种植制度可能影响Ⅷ——气候变化对中国冬小麦冬春性品种种植界限的影响[J]. 中国农业科学, 2013, 46(8): 1583-1594.

[79] 谭杰扬, 李正国, 杨鹏, 等. 基于作物空间分配模型的东北三省春玉米时空分布特征[J]. 地理学报, 2014, 69(3): 353-364.

[80] 王琛智, 张朝, 张静, 等. 湖南省地形因素对水稻生产的影响[J]. 地理学报, 2018, 73(9): 1792-1808.

[81] 李勇, 杨晓光, 张海林, 等. 全球气候变暖对中国种植制度可能影响Ⅶ. 气候变暖对中国柑橘种植界限及冻害风险影响[J]. 中国农业科学, 2011, 44(14): 2876-2885.

[82] 白秀广, 李纪生, 霍学喜. 气候变化与中国苹果主产区空间变迁[J]. 经济地理, 2015, 35(6): 130-137.

[83] 李全胜. 中国亚热带东西部山区热量和水分资源的比较分析及其对农业布局的影响[J]. 浙江大学学报(农业与生命科学版), 2000, 26(2): 219-224.

[84] 黄爱军, 陈长青, 类成霞, 等. 江淮地区农业气候资源演变特征及作物生产应对措施[J]. 南京农业大学学报, 2011, 34(5): 7-12.

[85] 庞艳梅, 陈超, 潘学标, 等. 未来气候变化对四川盆地玉米生育期气候资源及生产潜力的影响[J]. 中国生态农业学报, 2013, 21(12): 1526-1536.

[86] 邓宗兵, 封永刚, 张俊亮. 中国粮食生产区域格局变动及成因的实证分析[J]. 宏观经济研究, 2014(3): 94-99, 113.

[87] 聂雷, 郭忠兴, 汪险生, 等. 我国主要粮食作物生产重心演变分析[J]. 农业现代化研究, 2015, 36(3): 380-386.

[88] 金涛. 中国粮食生产时空变化及其耕地利用效应[J]. 自然资源学报, 2014, 29(6): 911-919.

[89] 刘彦随, 王介勇, 郭丽英. 中国粮食生产与耕地变化的时空动态 [J]. 中国农业科学, 2009, 42(12): 4269-4274.

[90] 郝晓燕, 张益, 韩一军. 中国小麦生产布局演化及影响因素研究[J]. 中国农业资源与区划, 2018, 39(8): 40-48.

[91] 于雅雯, 余国新, 魏敬周. 供给侧改革背景下新疆棉花生产布局空间变化及影响因素分析[J]. 干旱区资源与环境, 2019, 33(5): 74-80.

[92] 张有望, 章胜勇. 中三角地区柑橘生产的空间布局变迁及影响因素分析[J]. 农业现代化研究, 2016, 37(4): 687-693.

[93] 耿献辉, 卢华, 周应恒. 我国梨生产布局变迁及其影响因素: 基于省级面板数据分析[J]. 农业经济与管理, 2014(4): 67-77.

[94] 周炳中, 杨浩, 包浩生, 等. PSR 模型及在土地可持续利用评价中的应用[J]. 自然资源学报, 2002, 17(5): 541-548.

[95] 彭建, 吴健生, 潘雅婧, 等. 基于 PSR 模型的区域生态持续性评价概念框架[J]. 地理科学进展, 2012, 31(7): 933-940.

[96] 姚成胜. 基于压力-状态-响应(PSR)模型的江西省农地集约利用综合评价及政策建议[J]. 农业现代化研究, 2010, 31(3): 312-316.

[97] 谭黎阳. 论科技进步对产业结构变迁的作用[J]. 产业经济研究, 2002(1): 52-58.

[98] 向云, 祁春节, 陆倩. 湖北省柑橘生产的区域比较优势及其影响因素研究[J]. 经济地理, 2014, 34(11): 134-139, 192.

[99] 白景锋, 张海军. 中国水-能源-粮食压力时空变动及驱动力分析[J]. 地理科学, 2018, 38(10): 1653-1660.

[100] 王观湧, 张乐, 陈青锋, 等. 土地利用景观格局演变及驱动力分析——以唐山市曹妃甸新区为例[J]. 水土保持研究, 2014, 21(5): 84-88.

[101] 韦庆, 卢文喜. 吉林西部典型农牧交错区生态质量退化因子主成分研究[J]. 干旱地区农业研究, 2008, 26(5): 224-227, 233.

[102] 胡静锋, 周江. 增长经济背景下农业经营规模扩大的影响机制研究——基于四川省的向量自回归模型实证分析[J]. 农村经济, 2018(12): 31-36.

[103] 黄宝荣, 张慧智, 宋敦江, 等. 2000—2010 年中国大陆地区建设用地扩张的驱动力分析[J]. 生态学报, 2017, 37(12): 4149-4158.

[104] 梁辰, 王诺. 基于 Logistic 回归的沿海经济区建设用地演变驱动因素研究: 以大连市新市区为例[J]. 地理科学, 2014, 34(5): 556-562.

[105] 陈秧分, 李先德. 中国粮食产量变化的时空格局与影响因素[J]. 农业工程学报, 2013, 29(20): 1-10.

[106] 税伟, 杜勇, 陈毅萍, 等. 基于地理加权回归的茶叶种植专业化空间格局及影响因素: 以福建省安溪县为例[J]. 应用生态学报, 2017, 28(4): 1298-1308.

[107] 潘竟虎, 张建辉. 中国县域人均粮食占有量的时空差异及驱动因素[J]. 长江流域资源与环境, 2017, 26(3): 410-418.

[108] 焦伟, 刘新平, 杜甫. 塔里木河流域人均粮食时空格局变化及驱动力分析——基于巴音郭楞蒙古自治州县域地力视角[J]. 中国农业资源与区划, 2017, 38(8): 137-144.

[109] 屈艳辉, 李二玲, 范祁嘉. 河南省县域粮食生产格局演化及影响因素[J]. 地域研究与开发, 2017, 36(3): 148-153.

[110] 雷海章. 现代农业经济学[M]. 北京: 中国农业出版社, 2003.

[111] 史高江. 繁昌县种植业优势产品区域布局规模研究[D]. 杭州: 浙江大学, 2005.

[112] 高祖良. 应用线性规划选择作物布局[J]. 江苏工学院学报, 1982(4): 86-93.

[113] 邓宏海. 作物布局优化模型及其在农业区划中应用[J]. 地理科学, 1983, 8(3): 207-214.

[114] 李天顺. 作物布局模糊规划的研究——以河南省封丘县为例[J]. 生态学杂志, 1987, 6(5): 31-34.

[115] 姚建民, 姚明亭. 晋南半干旱地区农作物生产布局调控方法研究[J]. 生态学报, 1991, 11(2): 176-181.

[116] 王道波, 周晓果, 张广录, 等. 作物空间布局的灰色系统决策方法探讨[J]. 干旱地区农业研究, 2005, 23(1): 149-156.

[117] 陈志峰, 张伟利, 严小燕, 等. 福建省县域茶叶产业竞争力分析与优化布局[J]. 经济地理, 2017, 37(12): 145-152.

[118] 何伟玲, 刘坤源. 湖北省柑桔生态适宜性区划的初步探讨[J]. 湖北农业科学, 1982(9): 23-26.

[119] 张旭东. 四川盆地果梅生产的气候生态适宜性研究[J]. 资源开发与市场, 1996, 12(5): 202-204.

[120] 杨佳珍, 王刚, 杭朝平. 贵州省荔枝、龙眼资源调查及区划[J]. 贵州农业科学, 1991, 19(4): 41-46.

[121] 朱立武, 李绍稳, 冯庆水, 等. 安徽苹果生态区划的模糊聚类分析[J]. 生物数学学报, 1998, 13(1): 111-117.

[122] 杨建民, 张国良, 周怀均. 新红星苹果栽植区划的模糊聚类分析[J]. 河北林学院学报, 1993, 8(1): 23-27.

[123] 张世成, 李金香, 杨小丽. 模糊聚类在河南省小麦气候生态区划中的应用[J]. 华北农学报, 1995, 10(4): 1-5.

[124] 张君坼, 林绍生. 浙江柑桔气候生态和生产区划的聚类分析研究[J]. 浙江柑桔, 1997, 14(2): 2-7.

[125] 冯金飞, 卞新民, 彭长青, 等. 基于遗传算法和 GIS 的作物空间布局优化[J]. 农业现代化研究, 2005, 26(4): 302-305.

[126] 周小平, 卞新民. 应用物元分析法及 GIS 优化作物布局——以江苏河横村为例[J]. 南京大学学报(自然科学), 2004, 27(2): 25-29.

[127] 唐嘉平, 刘钊. 基于 GIS 的特色经济作物种植适宜性评价系统[J]. 农业系统科学与综合研究, 2002, 18(1): 9-12.

[128] Seffino L A, Medeiros C B, Rocha J V, et al. WOODSS — a spatial decision support system based on workflows[J]. Decision Support Systems, 1999, 27(1-2): 105-123.

[129] Neamatollahi E, Bannayan M, Jahansuz M R, et al. Agro-ecological zoning for wheat (Triticum aestivum), sugar beet (Beta vulgaris) and corn (Zea mays) on the Mashhad plain, Khorasan Razavi province[J]. The Egyptian Journal of Remote Sensing and Space Science, 2012, 15(1): 99-112.

[130] Bydekerke L, Van Ranst E, Vanmechelen L, et al. Land suitability assessment for cherimoya in southern Ecuador using expert knowledge and GIS[J]. Agriculture, Ecosystems and Environment, 1998, 69(2): 89-98.

[131] 苏永秀, 李政, 孙涵. 基于 GIS 的广西甘蔗种植气候区划[J]. 中国农业气象, 2006, 27(3): 252-255, 259.

[132] 金志凤, 黄敬峰, 李波, 等. 基于 GIS 及气候-土壤-地形因子的浙江省茶树栽培适宜性评价[J]. 农业工程学报, 2011, 27(3): 231-236.

[133] 陈海生, 刘国顺, 刘大双, 等. GIS 支持下的河南省烟草生态适宜性综合评价[J]. 中国农业科学, 2009, 42(7): 2425-2433.

[134] 张晓煜, 韩颖娟, 张磊, 等. 基于 GIS 的宁夏酿酒葡萄种植区划[J]. 农业工程学报, 2007, 23(10): 275-278.

[135] 莫建国, 池再香, 汤芯, 等. 贵州山区红心猕猴桃种植气候区划[J]. 中国农业气象, 2016, 37(1): 36-42.

[136] 聂艳, 喻婧, 崔灿. 基于 GIS 和生态位适宜度模型的园地适宜性评价——以湖北宜昌市夷陵区为例[J]. 长江流域资源与环境, 2012, 21(8): 1000-1005.

[137] 李斌, 董锁成, 李雪. 四川省生态经济区划研究[J]. 四川农业大学学报, 2009, 27(3): 302-308.

[138] 刘洋. 气候变化背景下我国农业水热资源时空演变格局研究[D]. 北京: 中国农业科学院农业资源与区划研究所, 2013.

[139] 叶殿秀, 张勇. 1961—2007 年我国霜冻变化特征[J]. 应用气象学报, 2008, 19(6): 661-665.

[140] 宁晓菊. 气候变化下我国主要粮食作物种植环境适应性研究[D]. 郑州: 河南大学, 2016.

[141] 李静. 我国主要作物生产区域生态经济适宜性及发展潜力评价[D]. 南京: 南京农业大学, 2007.

[142] 沈兆敏. 中国柑桔区划与柑桔良种[M]. 北京: 中国农业科技出版社, 1988.

[143] 中国农业科学院农业气象研究室农业气候组. 我国柑桔气候区划[J]. 柑橘区划资料汇编, 1981, 1(1): 11-13.

[144] 柏建, 赵宁. 优质柑橘引种的气候适应性分析[J]. 四川气象, 2003, 23(2): 26-28.

[145] 陈杰忠. 果树栽培学各论(南方本)第三版[M]. 北京: 中国农业出版社, 2003.

[146] 王运生, 谢丙炎, 万方浩, 等. ROC 曲线分析在评价入侵物种分布模型中的应用[J]. 生物多样性, 2007, 15(4): 365-372.

[147] 陈新美, 雷渊才, 张雄清, 等. 样本量对 MaxEnt 模型预测物种分布精度和稳定性的影响[J]. 林业科学, 2012, 48(1): 53-59.

[148] Hanley J A, Mcneil B J. The meaning and use of the area under a Receiver Operating Characteristic (ROC) curve[J]. Radiology, 1982, 143(1): 29-36.

[149] Hoffman J D, Narumalani S, Mishra D R, et al. Predicting potential occurrence and spread of invasive plant species along the North Platte River, Nebraska[J]. Invasive Plant Science and Management, 2008, 1(4): 359-367.

[150] Yang X Q, Kushwaha S P S, Saran S, et al. Maxent modeling for predicting the potential distribution of medicinal plant, Justicia adhatoda L. in Lesser Himalayan foothills[J]. Ecological Engineering, 2013, 51(1): 83-87.

[151] 叶永昌, 周广胜, 殷晓洁. 1961—2010 年内蒙古草原植被分布和生产力变化: 基于 MaxEnt 模型和综合模型的模拟分析[J]. 生态学报, 2016, 36(15): 4718-4728.

[152] 杜尧东, 段海来, 唐力生. 全球气候变化下中国亚热带地区柑桔气候适宜性[J]. 生态学杂志, 2010, 29(5): 833-839.

[153] 蔡静芸, 张明明, 粟海军, 等. 生态位模型在物种生境选择中的应用研究[J]. 经济动物学报, 2014, 18(1): 47-52, 58.

[154] 乔慧捷, 胡军华, 黄继红. 生态位模型的理论基础、发展方向与挑战[J]. 中国科学: 生命科学, 2013, 43(11): 915-927.

[155] 苏婷婷, 周鑫斌, 徐墨赤, 等. 重庆市柑橘园土壤养分现状研究[J]. 土壤, 2017, 49(5): 897-902.

[156] 沈兆敏, 何天富, 张伯雍, 等. 我国柑桔北缘地区生态适宜性调查研究[J]. 中国柑桔, 1982, 11(2): 7-10.

[157] 孙颖, 秦大河, 刘洪滨. IPCC 第五次评估报告不确定性处理方法的介绍[J]. 气候变化研究进展, 2012, 8(2): 150-153.

[158] IPCC. Guidance note for lead authors of the IPCC fifth assessment report on consistent treatment of uncertainties [M/OL]. [2010-07] [2012-01-03]. http://www. ipcc. ch.

[159] 蒲业潇. 理解区位基尼系数: 局限性与基准分布的选择[J]. 统计研究, 2011, 28(9): 101-109.

[160] 李涛. 从九五年柑桔运销现状浅谈我省柑桔业发展问题[J]. 四川果树, 1996, 24(1): 34-36.

[161] Shrestha A, Luo W. Analysis of groundwater nitrate contamination in the Central Valley: Comparison of the geodetector method, principal component analysis and geographically weighted regression[J]. ISPRS International Journal of Geo-Information, 2017, 6(10): 297.

[162] 高焕霖, 张廷龙, 樊华烨, 等. 基于地理探测器的杨凌示范区生态环境质量影响因素定量分析[J]. 西北林学院学报, 2020, 35(5): 185-194.

[163] Wang J F, Li X H, Christakos G, et al. Geographical detectors-based health risk assessment and its application in the neural tube defects study of the Heshun Region, China[J]. International Journal of Geographical Information Science, 2010, 24(1): 107-127.

[164] 王劲峰, 徐成东. 地理探测器: 原理与展望[J]. 地理学报, 2017, 72(1): 116-134.

[165] 王凤, 刘艳芳, 孔雪松, 等. 中国县域粮食产量时空演变及影响因素变化[J]. 经济地理, 2018, 38(5): 142-151.

[166] 叶妍君, 齐清文, 姜莉莉, 等. 基于地理探测器的黑龙江垦区农场粮食产量影响因素分析[J]. 地理研究, 2018, 37(1): 171-182.

[167] 胡丹, 舒晓波, 尧波, 等. 江西省县域人均粮食占有量的时空格局演变[J]. 地域研究与开发, 2014, 33(4): 157-162.

[168] 赵小风, 李娅娅, 赵雲泰, 等. 基于地理探测器的土地开发度时空差异及其驱动因素[J]. 长江流域资源与环境, 2018, 27(11): 2425-2433.

[169] 王利, 刘万波, 赵东霞, 等. 东北地区县域老年人口高龄化空间分异特征及驱动因素研究[J]. 地理科学, 2019, 39(2): 267-276.

[170] 倪印锋, 王明利. 中国牧草产业地理集聚特征及影响因素[J]. 经济地理, 2018, 38(6): 142-150.

[171] 赵聪佳, 董晓光, 王海帆, 等. 河南省粮食生产时空格局变化及其驱动因素[J]. 河南农业大学学报, 2022, 56(2): 312-322.

[172] 李思勉, 何蒲明. 我国粮食绿色生产效率及影响因素研究: 基于粮食功能区的比较分析[J]. 生态经济, 2020, 36(9): 116-120.

[173] 蔡荣, 陶素敏. 中国粮食生产布局演变及空间机制分解: 1978—2018[J]. 干旱区资源与环境, 2021, 35(6): 1-7.

[174] 陆文聪, 梅燕. 中国粮食生产区域格局变化及其成因实证分析: 基于空间计量经济学模型[J]. 中国农业大学学报(社会科学版), 2007, 24(3): 140-152.

[175] 林正雨, 陈强, 邓良基, 等. 中国柑橘生产空间变迁及其驱动因素[J]. 热带地理, 2021, 41(2): 374-387.

[176] 高雪萍, 王璐, 王保家. 粮食种植农业政策需求优先序及其影响因素研究: 基于江西10县1080户农户调研[J]. 农林经济管理学报, 2020, 19(4): 449-456.

[177] 董启锦. 粮食产量影响因素差异化分析: 以山东省16地市为例[J]. 青岛农业大学学报(社会科学版), 2020, 32(3): 21-26.

[178] 李二玲, 庞安超, 朱纪广. 中国农业地理集聚格局演化及其机制[J]. 地理研究, 2012, 31(5): 885-898.

[179] 张聪颖, 畅倩, 霍学喜. 中国苹果生产区域变迁分析[J]. 经济地理, 2018, 38(8): 141-151.

[180] 李欠男, 程沅孜. 我国玉米生产布局变迁及影响因素[J]. 江苏农业科学, 2017, 45(18): 284-288.

[181] 朱启臻, 韩芳, 张晖. 工业反哺农业的经济社会分析[J]. 林业经济, 2008(11): 44-48.

[182] 蔡昉. "工业反哺农业、城市支持农村"的经济学分析[J]. 中国农村经济, 2006(1): 11-17.

[183] 石晓丽, 史文娇. 气候变化和人类活动对耕地格局变化的贡献归因综述[J]. 地理学报, 2015, 70(9): 1463-1476.

[184] 熊鹰, 许钰莎. 四川省环境友好型农业生产效率测算及影响因素研究: 基于超效率 DEA 模型和空间面板 STIRPAT 模型[J]. 中国生态农业学报(中英文), 2019, 27(7): 1134-1146.

[185] 李金建, 秦宁生, 孙善磊, 等. 基于均一性检验的 1961 年至 2006 年四川省日照变化规律研究[J]. 资源科学, 2011, 33(5): 1002-1009.

[186] 周新德. 基于生命周期阶段的农业产业集群形成和演化机理分析[J]. 经济地理, 2009, 29(7): 1134-1138.

[187] 汪晓银, 祁春节. 中国柑橘市场预警研究[M]. 北京: 科学出版社, 2015.